Commandant C. ROMAIN

CONTRIBUTION A L'HISTOIRE DE L'ARTILLERIE

LES

RESPONSABILITÉS

DE

L'ARTILLERIE FRANÇAISE

EN 1870

LIBRAIRIE MILITAIRE BERGER-LEVRAULT

PARIS | NANCY

RUE DES BEAUX-ARTS, 5-7 | RUE DES GLACIS, 18

1913

Prix : 2 francs

Commandant C. ROMAIN

CONTRIBUTION A L'HISTOIRE DE L'ARTILLERIE

LES

RESPONSABILITÉS

DE

L'ARTILLERIE FRANÇAISE

EN 1870

LIBRAIRIE MILITAIRE BERGER-LEVRAULT

PARIS | NANCY
RUE DES BEAUX-ARTS, 5-7 | RUE DES GLACIS, 18

1913

Extrait de la *Revue d'Artillerie* — 1912-1913

(Berger-Levrault, éditeurs, Paris

LES

RESPONSABILITÉS DE L'ARTILLERIE

FRANÇAISE

EN 1870 [1]

SITUATION GÉNÉRALE

En 1870, l'artillerie française s'est présentée en face de l'artillerie allemande avec un matériel et une tactique très inférieurs. Sa part de responsabilité dans nos revers est grande et elle ne l'a pas oublié.

Au surplus, nombre d'historiens se sont chargés d'aviver son remords et ils ne l'ont pas fait généralement d'une plume légère. On peut dire qu'il n'est pas de bévues dont ils n'aient incriminé les dirigeants de l'artillerie d'alors. On englobe ceux-ci dans les mêmes reproches qu'on a coutume d'adresser aux grands chefs de l'époque : insouciance, paresse, routine, etc...

---

[1] Principales sources de documentation :
Archives de l'Artillerie ;
Observations sur le service de l'Artillerie de campagne (1869);
Revue d'Artillerie ;
Mémorial de l'Artillerie de la Marine;

Et pourtant, quand on voit les noms de ceux qui occupaient les hauts emplois de l'arme, aussi bien dans les comités et les états-majors que dans les corps de troupe, on a peine à croire que, pour beaucoup d'entre eux du moins, cette psychologie soit bien exacte.

Si la faveur impériale s'est parfois égarée sur des personnalités plus brillantes que sérieuses, il n'en demeure pas moins que l'ensemble a su prouver, par la suite, que la mentalité n'était pas tombée à l'étiage qu'on lui à marqué : l'improvisation d'une artillerie nouvelle en plein désarroi de la défaite, puis la création en quelques années d'un armement capable de lutter avec les meilleurs de l'Europe, sont des œuvres dénotant un entraînement au travail et un acquis professionnel qui devaient exister de longue date.

Et d'ailleurs, si de vaillants chefs d'infanterie et de cavalerie sont, jusqu'à un certain point, pardonnables d'avoir compté un peu trop exclusivement sur leur bravoure et sur leur étoile, il n'en saurait être de même

Revue d'Histoire ;
Historique du grand État-major allemand ;
Général Ducrot, *La Journée de Sedan ;*
Vie militaire du général Ducrot, d'après sa correspondance ;
Général Faidherbe, *Campagne de l'Armée du Nord ;*
Général Lebrun, *Souvenirs ;*
Hohenlohe, *Lettres sur l'Artillerie ;*
Général Favé, *Études sur l'Artillerie* (T. VI);
Général Favé, *Nos Revers ;*
Général de Blois, *L'Artillerie du 15e corps pendant la campagne de 1870-1871 ;*
Général Susane, *L'Artillerie avant et depuis la guerre ;*
F. de Suzanne, *Des Causes de nos désastres ;*
Général de Montluisant, *Notice biographique sur Treüille de Beaulieu.*
Général Thoumas, *Paris, Tours, Bordeaux, en 1870-1871 ;*
Général Thoumas, *Les Transformations de l'armée française ;*
Général Fay, *Journal d'un officier de l'armée du Rhin ;*
Major allemand Hoffbauer, *Les opérations de l'artillerie allemande dans les batailles livrées aux environs de Metz;*
Colonel prussien Taubert, *L'Emploi du canon rayé sur le champ de bataille ;*
Colonel Stoffel, *Rapports militaires;*
Commandant de Chalus, *Wissembourg, Frœschviller ;*

pour de graves artilleurs, dont un des devoirs essentiels était de préparer un matériel en toute réflexion et d'en régler l'emploi avec sagacité.

L'artillerie française a commis de graves erreurs, c'est indéniable. Mais ces erreurs, pourquoi les a-t-elle commises? Voilà ce qu'il serait peut-être intéressant de rechercher. Et cela, non seulement dans le but d'empêcher qu'on les interprète avec une sévérité par trop lourde pour la mémoire de nos aînés, mais aussi afin qu'on en puisse tirer de salutaires leçons pour l'avenir, quand le retour des mêmes circonstances amènera les mêmes difficultés.

Et tout d'abord, pour apprécier les hommes et les faits à leur juste valeur, il faut se placer non pas à notre point de vue actuel, mais au point de vue de l'époque. Telle idée par exemple nous paraît aujourd'hui d'une évidence indiscutable, qui pouvait parfaitement donner matière à contestation alors que la sanction de l'expérience n'en avait pas encore assuré le triomphe. Quel sera l'agencement, quel sera le mode d'emploi des dirigeables et des aéroplanes dans l'avenir? Les guerres futures seules nous l'apprendront. Mais ne serait-il pas injuste alors de suspecter la compétence, voire même le bon sens de ceux qui, de nos jours, n'auraient pas trouvé la bonne solution?

Dans les dernières années du règne de Napoléon III,

LABICHE, *Historique des études faites à Calais sur les canons rayés de campagne ;*

Général ERB, *L'Artillerie dans les batailles de Metz ;*

Lieutenant-colonel ROUQUEROL, *L'Artillerie dans la bataille du 18 août;*

P. LEHAUTCOURT, *Histoire de la Guerre de 1870-1871;*

Capitaine H. LANGLOIS, *L'Artillerie de campagne de l'Europe en 1874;*

Général LANGLOIS, *L'Artillerie de campagne en liaison avec les autres armes ;*

Général BONNAL, *Frœschwiller ;*

Général BONNAL, *La Manœuvre de Saint-Privat ;*

Commandant J. COLIN, *Les Transformations de la guerre ;*

Fritz HŒNIG, *Vingt-quatre heures de stratégie de de Moltke.*

deux facteurs ont eu une singulière importance dans le problème de l'organisation de notre armement : d'une part, la nécessité des économies; d'autre part, le discrédit où était tombée l'artillerie prussienne après la guerre de 1866. Ces deux données ont trop influé sur les décisions de notre artillerie, pour que nous ne les examinions pas d'un peu près, avant d'entrer dans le vif du sujet.

Nécessité des économies

Situation budgétaire

Aujourd'hui aussi, cette nécessité des économies s'impose. Dans toute armée sérieuse d'ailleurs la crainte des dépenses inutiles est le commencement de la sagesse. Mais notre esprit d'économie actuel n'est pas comparable à la parcimonie, disons le mot, à la liarderie à laquelle était contrainte l'artillerie d'alors. Celle-ci en était presque réduite aux expédients.

A la Chambre des Députés, le parti d'opposition se croyait tenu de manifester son hostilité au souverain par un manque de bonne volonté complet envers son armée. Il avait tendance à traiter celle-ci en parasite coûteuse, encombrante ([1]), et protestait de toutes ses voix, qu'il avait retentissantes, chaque fois qu'il s'agissait de délier les cordons de la bourse.

Une partie de la majorité conservatrice elle-même jugeait de bonne politique de faire chorus pour lutter contre l'accroissement de nos dépenses militaires, et l'Empereur, timide, malade, désirant se faire pardonner la déplorable expédition du Mexique et soucieux de rattraper quelques bribes de popularité, n'avait ni l'envergure nécessaire pour dominer ces résistances ni l'énergie suffisante pour les briser. Il faisait même la part du feu.

C'est ainsi qu'en 1865, le lendemain de la guerre des Duchés, la veille de la guerre de Bohême, le Gouvernement proposa, de lui-même, la suppression de 221 compagnies, 40 escadrons, 16 batteries montées ou à cheval, 22 batteries à pied, et cela pour éviter qu'on lui imposât des sacrifices plus grands.

([1]) « Notre amendement porte la suppression absolue des armées permanentes et leur remplacement par les gardes nationaux. » (*Discours d'Ernest Picard à la Chambre des Députés, séance du 31 décembre 1867.*)

C'est ainsi qu'il n'osa pas convoquer la garde mobile, malgré l'insistance prévoyante du maréchal Niel.

C'est ainsi enfin que, le 30 juin 1870, lors des débats sur la candidature Hohenzollern, en pleine période de tension politique, il renchérissait encore, en proposant la réduction du contingent : 90.000 hommes au lieu de 100.000 ([1]). Et cependant l'Empereur venait de publier, à l'Imprimerie Nationale, une brochure portant le titre de : *Une Mauvaise Économie*, où il disait notamment : « ...Que l'on compare l'état militaire de l'Allemagne du Nord au nôtre, et que l'on juge si ceux qui veulent encore réduire nos forces nationales sont bien éclairés sur nos véritables intérêts » ([2]).

On voit quels sacrifices le souci des économies budgétaires imposait à ses idées intimes.

Dans ces conditions, l'artillerie se serait crue mal venue de réclamer, pour ses expériences, une augmentation de crédit. Le Corps Législatif n'avait voulu accorder au maréchal Niel que l'argent nécessaire (113 millions) pour fabriquer 1.200.000 chassepots au lieu des 1.800.000 que réclamait le ministre, et encore avait-on dû, par raison d'économie, ralentir la fabrication.

Le budget de l'artillerie était réduit à la portion congrue : pour la transformation du matériel lisse de campagne en matériel rayé, on ne disposait, depuis 1860, que d'un crédit annuel de 320.000 francs (fabrication des projectiles non comprise). Environ 300.000 francs étaient accordés pour travaux de recherches et de perfectionnement ([3]). « Ce n'est pas avec cela que l'artillerie pouvait faire des largesses à la légion des inventeurs ou ménager d'heureuses surprises à la nation. » (Général Susane.)

Et encore une partie de ce malheureux budget était-

([1]) Plusieurs députés même réclamèrent une réduction double.
([2]) Voir Lehautcourt, *Histoire de la Guerre de 1870-1871*, t. II, p. 39, Paris, Berger-Levrault, 1902.
([3]) Général Susane, *L'Artillerie avant et depuis la guerre*, brochure

elle drainée vers le mystérieux laboratoire de Meudon, où le commandant de Reffye travaillait à réaliser les conceptions impériales relativement à un nouveau système d'artillerie, expériences d'ailleurs dont il ne faut pas trop médire, comme nous le verrons plus loin. Un jour même du mois de septembre 1869, le directeur de l'artillerie, invité à déjeuner au palais de Saint-Cloud, se voyait obligé de refuser à l'Empereur un subside de 1 million que celui-ci lui demandait pour ses ateliers. A quoi le ministre, le « Vice-Empereur » Rouher, répondit au général Susane : « On doit toujours trouver 1 million quand l'Empereur le demande. » Le général ne le trouva pas et pour cause : il ne restait plus de crédits disponibles [1].

---

déposée aux Archives de l'Artillerie, Paris, Hetzel, 1871. Le tableau suivant donne la décomposition du budget ordinaire de l'artillerie pour l'année 1871 :

Budget ordinaire

Chapitre XIII

Harnachement des chevaux.	100.000

Chapitre XIV

Arsenaux, directions, etc.	1.370.000
Écoles d'artillerie.	140.000
Dépôt central.	294.000
Bâtiments et immeubles	500.000
Fabrication des armes blanches.	160.000
Réparation et entretien des armes en service dans les troupes	1.176.665
Fonderie de canons	270.000
Forges	320.000
Poudreries	289.000
Capsulerie	220.000
Total du budget ordinaire.	4.839.665
Budget extraordinaire	1.320.000
Total général.	6.159.665

Cette somme, en temps ordinaire, était augmentée d'un crédit de 2 millions pour la fabrication des armes à feu (Général Susane, *loc. cit.*).
[1] Général Thoumas, *Paris, Tours, Bordeaux en 1870-1871*, p. 19, *Paris*, 1893.

Les économies du général Le Bœuf

Cette situation précaire était encore aggravée par la pusillanimité du président du Comité de l'artillerie : dévoué foncièrement à l'Empereur, mais d'un dévouement aveugle, le général Le Bœuf se refusait à lui créer le moindre souci, en particulier par des demandes de crédit. D'autre part, aspirant au maréchalat, il croyait devoir affirmer son impartialité à l'égard des diverses armes en affichant le dédain de son arme d'origine ([1]). Il voulait que celle-ci se fît le plus petite possible et se tînt coite.

C'est ainsi qu'il déclina l'offre du Gouvernement de créer 28 batteries de campagne, sous prétexte « qu'on a toujours trop de canons » ([2]). Il ne voulut même pas, pour la réalisation de ce projet, se prêter à la transformation d'un nombre équivalent de batteries à pied, parce que la dépense annuelle d'entretien par batterie aurait été majorée de 20.000 francs.

Ministre, il continua les mêmes errements, et quelques jours avant l'incident Hohenzollern, dans sa belle confiance en la paix et son ardeur d'économie, il donnait l'ordre de remiser en magasin, dans les places fortes, les affûts des pièces de l'armement de sûreté mises en batterie sur les remparts, afin de préserver le matériel et d'éviter des demandes de crédit pour réparation.

Étonnons-nous, après cela, de la réponse qu'il fit au général Lebrun, à la nouvelle du désastre de Frœschwiller, lorsque s'affirma la supériorité du canon prussien : « Croyez-vous donc que je ne savais pas que le canon prussien était supérieur au nôtre? Mais où donc aurais-je trouvé les fonds nécessaires pour transformer notre artillerie? Est-ce que le Corps Législatif aurait jamais voulu me les accorder ([3])? »

([1]) Général THOUMAS, *loc. cit.*, p. 17.
([2]) LEHAUTCOURT, *loc. cit.*, t. II, p. 196.
([3]) *Souvenirs du général Lebrun*, p. 251.

L'artillerie prussienne en 1866

Ce n'était un secret pour personne que l'artillerie prussienne, pendant la campagne de Bohême, s'était montrée très au-dessous de sa tâche, très inférieure en tous cas à l'artillerie adverse, cette artillerie autrichienne sur laquelle nous avions eu une supériorité marquée en 1859.

Et pourtant, c'était avec un armement nouveau, des pièces d'acier se chargeant par la culasse (¹), qu'elle avait combattu les vieilles pièces en bronze de Benedek, qui se chargeaient par la bouche. Défectuosité du matériel (²)? Mauvaise tactique de l'arme? On n'était pas encore fixé; mais, ce qu'on savait bien, c'est que le résultat n'avait pas été brillant.

Opinions allemandes

A l'artillerie prussienne les critiques ne furent guère ménagées, et les moins sévères ne furent point les appréciations allemandes.

Les *Archives des officiers de l'artillerie prussienne*, en 1867, avouaient ces mécomptes, tout en les attribuant en grande partie à l'emploi des canons lisses.

La *Revue militaire prussienne* (³) reconnaissait « l'inexpérience des canonniers obligés de servir un matériel tout nouveau (⁴); la confiance absolue des généraux dans l'infanterie, à laquelle ils ont sacrifié l'artillerie; le mauvais emploi de l'artillerie de réserve, reléguée cons-

---

(¹) Chaque corps d'armée prussien, en 1866, possédait :
4 batteries rayées de 6;
6 batteries rayées de 4;
4 batteries lisses ancien modèle, dont les batteries à cheval.

(²) Plusieurs pièces prussiennes avaient éclaté au cours de la campagne.

(³) Voir Archives de l'Artillerie (39-P.).

(⁴) « Chacune des batteries (nouvellement créées, deux par corps d'armée) ne put consacrer qu'une seule journée au tir avec des obus non chargés. Puis elles partirent pour le théâtre des opérations. » (HOHENLOHE, *Lettres sur l'Artillerie*, p. 246.)

tamment à la queue de toutes les réserves ; enfin l'organisation défectueuse de l'artillerie prussienne en paix comme en
guerre... Les attelages sont mauvais ; les officiers et les
sous-officiers sont mal montés. Les cadres sont insuf-
fisants pour la mise sur le pied de guerre. »

Une *Étude sur la tactique à propos de la campagne
de 1866* publiée par un officier prussien et traduite
par le capitaine Furcy-Reynaud, étude qui eut alors un
grand retentissement, concluait en ces termes :

« L'infanterie prussienne a presque tout fait dans la
campagne de 1866 ; c'est elle qui a engagé, soutenu et
achevé presque tous les combats.

« Les autres armes ont eu une influence nulle, ou peu s'en
faut.

« Cela tient à ce qu'on n'a pas su les employer ou à ce
qu'on ne s'en est pas donné la peine, tant l'infanterie
inspirait une confiance illimitée. Sa supériorité sur celle
des Autrichiens était telle qu'on ne s'est aperçu que
rarement de l'insuffisance des autres armes.

« A Kœniggrætz, depuis 8 heures du matin jusqu'à
2 heures de l'après-midi, la première armée prussienne
livra une véritable bataille d'artillerie, mais son artillerie
ne fut pas à la hauteur de sa tâche ; elle ne parvint même
pas à se déployer, en face de l'imposante ligne de l'artillerie autrichienne, et, sans aucun doute, si l'infanterie
prussienne avait dû donner l'assaut aux positions ennemies, le terrain n'aurait pas été suffisamment préparé.

. . . .

« Dans la dernière guerre, l'artillerie a été mal dirigée. Les
batteries se glissaient de côté et d'autre dans la réserve,
ne trouvant de place nulle part pour se déployer.

« L'artillerie de l'armée de l'Elbe a joué un rôle
encore plus insignifiant que celui de la première armée.
Elle s'est bornée à canonner avec l'ennemi à une distance de 3.500 à 4.000 m. »

D'après une autre étude que fit paraître à la même époque, sous le pseudonyme d'Arkolay, un officier allemand, et qui fut alors également très commentée, « l'artillerie prussienne ne servit absolument à rien. L'infanterie prussienne s'en serait parfaitement passée. Les batteries ressemblaient à de mauvais musiciens jouant par derrière la même note bien ennuyeuse. Les canons lisses qui armaient une partie de cette artillerie ont été complètement inutiles, car on se borna à essayer de les employer comme des canons rayés pour le tir aux grandes distances. Ils ne furent d'ailleurs pas plus mauvais que les canons rayés, car au moins ne brûlaient-ils pas inutilement leurs munitions...

. . . .

« Jamais l'artillerie n'a agi en grandes masses. En détail elle ne produisit également aucun résultat important ; jamais aucune colonne d'infanterie ne fut arrêtée, aucune position enlevée ou défendue, aucune troupe décimée par son feu. Elle n'eut aucune tactique, fut complètement passive, dépourvue d'initiative... »

Un des principaux acteurs de la guerre, le prince de Hohenlohe Ingelfingen, qui commandait la réserve d'artillerie de la Garde, n'est guère plus élogieux pour le rôle joué par son arme :

« On a été fort mécontent, en 1866, des résultats obtenus par notre artillerie de campagne, et grand a été le nombre de ceux qui ressentirent ce mécontentement, tous en conviendront.

« Et ce mécontentement était basé sur des faits tellement connus que chacun d'entre nous, les hommes du métier, était bien forcé de le considérer comme fondé, quelque fort qu'il fût de sa conscience, quelque sûr qu'il fût d'avoir rempli son devoir tout aussi bien que les officiers des autres armes. Le grand public, lui, ne scrutait pas les consciences ; il ne pouvait que constater les résultats, et ce fut notre tâche, à nous autres artilleurs, d'avoir à trouver les causes du mal, les voies et les moyens d'y remédier.

« Or les résultats obtenus dans la campagne de 1866 sont absolument défavorables à l'artillerie.

« Si nous les étudions en suivant l'ouvrage du grand État-major, nous constaterons qu'en 1866 notre artillerie, presque sur tous les points, entre en scène bien trop tard et avec un nombre de pièces très restreint. Dans le cours de tous les engagements, l'infanterie s'est vue exposée au feu meurtrier d'une masse d'artillerie bien supérieure en nombre à la nôtre, et, pour y riposter, pour s'en défendre, il lui fallait recourir à son propre feu de mousqueterie [1]. »

Plus loin, le général nous montre l'artillerie arrivant toujours trop tard et accueillie par les quolibets de l'infanterie : « Où étiez-vous donc fourré? Vous voilà donc à la fin? Nous avons dû laisser une quantité innombrable de pièces ennemies nous accabler d'une grêle de projectiles. Sans cesse nous regardions si vous ne veniez pas; nous ne vous voyions pas arriver! »

Il avoue « qu'à la bataille de Kœniggrætz même, les résultats obtenus n'ont absolument pas répondu à son attente quant à l'effet que produisaient les pièces » [2].

Le général de Hindersin

Malheureusement, en Prusse, ces critiques ne restèrent pas platoniques, comme l'avaient été chez nous celles de nos fautes en 1859. Un homme se chargea de porter le remède au mal : l'ancien commandant de l'artillerie du siège de Düppel, le général de Hindersin, appelé au poste de premier inspecteur général, se mit à l'œuvre de la réorganisation technique et tactique de son arme, et cela

---

[1] *Lettres sur l'artillerie*, p. 5.
[2] *Ibid.*, p. 55.

avec une ardeur inlassable, avec une énergie farouche, on pourrait dire désespérée.

Son élève, le général de Hohenlohe, nous montre les prodiges accomplis par ce vieux soldat formé à la rude école des chefs de la Guerre de Libération, lourd, trapu, hirsute sous ses épais favoris roux, à la mine rébarbative, indifférent à l'élégance, fuyant les relations mondaines, insoucieux de la popularité, dur aux autres comme à lui-même, promenant sans cesse ses grosses bottes dans les champs de tir et les salles d'études, harcelant sans répit ses inférieurs, ses supérieurs, les ministres, le souverain, jusqu'à ce qu'il arrivât à ses fins [1].

Malgré toutes les entraves, malgré les objections du Roi lui-même, il fait jeter au rancart l'artillerie lisse en service, pour la remplacer par des canons à fermeture de culasse, en lesquels il a foi, en dépit de tous les mécomptes [2]. Pour l'instruction des officiers, il crée une école d'application. Le Parlement, guère plus enclin d'abord aux dépenses que le nôtre, lui refuse des crédits pour une école de tir? Il en crée une d'office, *aux frais des élèves*, et l'on y voit « **des officiers supérieurs déjà âgés, de jeunes et de vieux capitaines servant de leurs propres mains les pièces de campagne et les grosses pièces de place** ».

Avec la persistance indomptable d'une idée fixe, il finit par obtenir les crédits nécessaires pour organiser sur une grande échelle écoles à feu et manœuvres de guerre. « Il lui fut donné de voir les fruits de son labeur,

---

[1] On l'avait surnommé *La Statue du Commandeur*.

« La journée est de vingt-quatre heures de service », disait-il, en rappelant un adage d'un de ses prédécesseurs, le général Enke.

Quel contraste avec le général Le Bœuf, « un homme que la nature avait admirablement doué, d'une bravoure brillante, d'une intelligence hors ligne, d'un physique imposant et qui aurait été grand, si le désir de plaire en haut et en bas, l'amour exagéré de la faveur et de la popularité, n'eussent rapetissé parfois son caractère ».(THOUMAS, *loc. cit.*, p. 18.)

[2] Il n'était toutefois pas partisan de l'acier, comme nous le verrons par la suite.

et quand l'année 1871, celle de la victoire, fut écoulée, il prit du repos, c'est-à-dire qu'il mourut. » (HOHENLOHE.)

Opinions françaises

Ce travail intensif et ses résultats n'avaient pas échappé à la perspicacité de notre attaché militaire à Berlin, le lieutenant-colonel Stoffel. Mais, chez nous, on ne voulut voir là que l'effort d'une arme consciente de son infériorité et ayant à cœur de la diminuer. On ne se doutait pas encore de ce dont était capable la méthodique opiniâtreté prussienne.

Dans une conférence relative à « *quelques récents travaux sur la tactique* », où il analysait en particulier les critiques allemandes concernant le rôle de l'artillerie en 1866, le commandant Fay concluait que « **l'organisation de l'artillerie prussienne est loin d'être aussi bonne qu'on serait tenté de le supposer dans cette armée qui a la prétention d'être parfaite** ».

Dans une conférence faite en avril 1869, à l'école d'artillerie de La Fère, concernant « *l'emploi de l'artillerie rayée sur les champs de bataille* », le capitaine Zurlinden, aide de camp du général de Berckheim, émettait un jugement analogue. Nous insistons sur l'importance de ce document ([1]), auquel nous aurons, par la suite, à faire de fréquents emprunts, non pas tant parce que l'auteur peut être considéré comme le porte-paroles d'un de nos généraux d'artillerie les mieux qualifiés de l'époque, mais surtout pour la raison suivante : c'est que cette conférence fut, par décision du Comité de l'Artillerie prise à l'unanimité (séance du 25 mars 1870), désignée pour être insérée sans modification au *Mémorial* ([2]). On peut

---

([1]) Archives de l'Artillerie, 26-2 (*c*).

([2]) La guerre fit cesser brusquement la publication du *Mémorial* et la décision du Comité ne put être mise à exécution.

donc regarder cet exposé comme exprimant les idées mêmes du Comité de l'Artillerie.

Or, en voici les conclusions :

« L'artillerie prussienne a été complètement sacrifiée en 1866 ; elle n'a servi absolument à rien pendant toute la campagne. Elle semble, du reste, être sacrifiée même en temps de paix, et se trouver vis-à-vis des autres armes sur un pied d'infériorité, qui, s'il existe réellement, constituerait dans l'armée prussienne un défaut capital.

« Quant à l'artillerie française, elle a toujours été dans nos dernières guerres à hauteur de la grandeur de son rôle ; elle s'est toujours montrée parfaitement apte, parfaitement décidée aussi à ne pas laisser tomber tout l'héritage de gloire que lui ont légué les guerres de l'Empire.

« Si quelques puissances étrangères en sont encore aujourd'hui à se demander quels canons elles pourront adopter ([1]), si leurs dernières guerres ont fait ressortir dans leur matériel et même dans leur organisation des défauts assez graves pour remettre en question tout leur système d'artillerie, l'artillerie française, au contraire, a entre les mains un matériel dans lequel elle a pleine confiance, qui a parfaitement supporté l'épreuve des grandes batailles en Italie, et celle des combats et des marches pénibles et laborieux de Chine et du Mexique. »

Ce n'est donc pas uniquement le Comité de l'Artillerie qui donnait la note de l'optimisme et l'on voit que les déconvenues de l'artillerie prussienne en 1866 ont eu une double conséquence : celle de stimuler les efforts de nos ennemis et celle d'endormir les nôtres ([2]).

([1]) Allusion aux mécomptes de l'artillerie prussienne qui, en 1868, voulait renoncer à ses canons d'acier, comme nous le verrons par la suite.
([2]) Voir, page 18, la comparaison entre les matériels français et allemands (D'après le général ERB, *L'Artillerie dans les batailles de Metz*).

Comparaison entre les matériels français et allemands en 1870

PIÈCE	MATÉRIEL FRANÇAIS		MATÉRIEL ALLEMAND	
	Canon de 4c	Canon de 12c	Canon de 8c	Canon de 9c
Calibre	8c65	12c15	7c85	9c15
Organisation du canon	Bronze	Bronze	Acier fondu, non fretté	Acier fondu, non fretté
Chargement	Par la bouche	Par la bouche	Fermeture à double coin	Fermeture à piston
Poids du canon, culasse comprise	330 kg	610 kg	301k5	432k5
Poids de la voiture-pièce	1.320 kg	1.937 kg	1.572 kg	1.835 kg
Poids à tirer par cheval	330 kg (attelé à 4)	323 kg	262 kg	306 kg
Projectiles.				
Poids de l'obus ordinaire	4k035	11k500	4k340	6k900
Système d'obus	12 ailettes placées 2 par 2	2 par 2 sur 6 hélices	Chemise de plomb coulée	
Charge intérieure de l'obus	0k200	0k500	0k667	0k250
Poids de l'obus à balles ou du shrapnel	4k556	11k790	4k600	7k330
Nombre de balles de l'obus à balles ou du shrapnel	85	150	90	180
Fusées. { Obus ordinaire	Percutante — Fusante à 4 durées : 1.400-1.000 et 2.750-2.950	Percutante Demarest — Fusante à 2 durées : 1.350-1.550 et 2.650-2.850	Percutante — Fusante réglée en secondes et dixièmes de secondes	Percutante
Fusées. { Obus à balles ou shrapnel	500, 800, 1.000, 1.200	500, 800, 1.100, 1.400		
Approvisionnements.				
Nombre de caissons par batterie	8	12	6	6
Nombre de coups par pièce	211	129	157	133
Poids à tirer par cheval	355 kg (attelé à 4)	307 kg	328 kg	369 kg
Éléments du tir.				
Vitesse initiale .... m	362	288	341	323
Vitesse restante à 1.000 m	262	242	271	274
Vitesse restante à 2.000 m	204	210	238	244
Vitesse restante à 2.500 m	183	198	221	232
Vitesse restante à 3.000 m	170	189	205	220
Dimensions du rectangle contenant 50 p. 100 des coups. 1.500 m { Hauteur	6,84	5,54	2,95	2,54
Largeur	4,30	2,78	2,34	1,88
Longueur	55,40	44,00	25,90	20,80
3.000 m { Hauteur	40,60	29,40	12,40	9,20
Largeur	12,76	7,14	6,40	5,00
Longueur	94,00	80,40	46,30	33,00

LE CHARGEMENT PAR LA CULASSE
ET LES CANONS D'ACIER

Et pourtant, chez nous, en haut lieu, on ne se laissait pas hypnotiser dans la contemplation de nos canons de Magenta et de Solférino. On suivait d'un œil attentif les innovations à l'étude dans les différents pays en matière d'armement.

La *question du chargement par la culasse* en particulier avait fait son apparition ou plutôt sa réapparition (¹) en Europe : le but principal était d'assurer, dans les meilleures conditions possibles, la rotation et le forcement des projectiles. Les essais portèrent d'abord sur les armes portatives, puis ils s'étendirent aux canons.

Dès 1847, un officier de l'armée piémontaise, nommé Cavalli, avait fait en Suède des expériences sur un matériel de son invention : matériel de gros calibre rayé, muni d'une fermeture empruntée à l'ingénieur suédois Wahrendorf et destiné à la défense du port de Gênes.

Ces expériences, exécutées en présence de délégués des principales artilleries de l'Europe, donnèrent d'excellents résultats, et dès lors la question — du moins pour les gros calibres — fut mise à l'ordre du jour.

Expériences françaises

C'est vers cette époque que Treüille de Beaulieu, alors capitaine à l'atelier de précision du Dépôt Central de l'Artillerie (²), imaginait sa fermeture à vis; mais ce n'est

---

(¹) On sait, en effet, que l'emploi de canons se chargeant par la culasse remonte presque aux débuts mêmes de l'artillerie : au siège d'Orléans, en 1428, les Anglais avaient quinze pièces de ce système (Voir *Mémorial de l'Artillerie de la Marine*, vol. 4, p. 507 et suiv.).

(²) Le Dépôt Central correspondait à la Section Technique de l'Artillerie actuelle.

que plusieurs années plus tard qu'il put la faire adopter. Voici dans quelles circonstances.

Lorsque la guerre d'Italie fut décidée, Treüille de Beaulieu, alors lieutenant-colonel et directeur de l'Atelier de Précision, reçut un jour de l'Empereur l'ordre de construire d'urgence des pièces de 24 à chargement par la culasse, pour armer six canonnières blindées, destinées au siège de Peschiera sur le lac de Garde. Bien que pris au dépourvu, il termina un projet en deux jours et, en mars 1859, une première pièce frettée, à chargement par la culasse, était achevée (¹). Les préliminaires de la paix de Villafranca (juillet 1859) vinrent interrompre la construction des nouveaux canons.

Mais ces essais furent par la suite d'une grande utilité, et c'est d'après le modèle ainsi établi, mais légèrement modifié (principalement en ce qui concerne le système d'obturation), que fut constitué, pour l'artillerie de la marine, un matériel qui, expérimenté aux commissions de Toulon et de Gâvres, soutenait avantageusement, bien avant 1870, la comparaison avec les meilleurs matériels similaires de l'Europe (²).

Bien que le chargement par la culasse parût surtout pratique pour les pièces de siège, de place, de côte et de bord, on ne perdait pas de vue, chez nous, son emploi possible pour les pièces de campagne. On savait que, séduite par les expériences de Cavalli, la Prusse avait adopté ce système pour tous ses calibres (³).

Sur cette question de la fermeture par la culasse s'en greffait une autre : celle de l'*emploi de l'acier*. La rotation et le forcement des projectiles, l'augmentation de la

---

(¹) Voir *Notice biographique sur le général Treüille de Beaulieu,* par le général DE MONTLUISANT. *Valence,* imprimerie Céas, 1892.

(²) Voir *Mémorial de l'Artillerie de la Marine,* vol. 4, p. 130.

(³) Et pourtant, en 1866, elle avait encore des canons lisses dans son matériel de campagne : preuve que, chez elle non plus, la fabrication n'était pas menée très rapidement quand on n'était pas stimulé par d'impérieuses nécessités.

vitesse initiale exigeaient un métal moins mou que le bronze.

Le 10 février 1866, le général Le Bœuf, président du Comité de l'Artillerie, adressait au colonel Treüille de Beaulieu, directeur de l'Atelier de Précision, la note confidentielle suivante (¹) :

« **Tout en reconnaissant les nombreux avantages pratiques que présente aujourd'hui notre système d'artillerie rayée, en bronze, et sans rien perdre de la confiance qu'il doit inspirer, il est indispensable de nous tenir au courant de ce qui se fait à l'étranger, pour maintenir notre supériorité.**

« **Nous avons été les initiateurs en fait d'artillerie, nous ne devons pas nous laisser dépasser par ceux qui nous ont suivis dans la voie que nous avons ouverte.**

« **L'on reproche à notre système en bronze le défaut de tension de la trajectoire ; beaucoup d'officiers pensent, en outre, qu'il n'a pas une justesse suffisante et que l'usure rapide des rayures par les ailettes est un inconvénient grave, non seulement parce que la bouche à feu perd assez rapidement de la précision de son tir, mais encore parce que, l'usure n'étant pas uniforme d'une pièce à l'autre, il peut arriver, dans un service courant, que les hausses à donner aux pièces d'un même calibre varient sensiblement.**

(¹) Archives de l'Artillerie (4 *b*-14). Déjà dans son rapport sur *les Observations faites pendant la campagne d'Italie*, le général Le Bœuf avait écrit (1ᵉʳ décembre 1859) :

« *La haute initiative prise deux fois par l'Empereur, dans la réforme de notre système d'artillerie, nous a donné la supériorité sur les champs de bataille de la Crimée et de l'Italie.*

« *En présence de nos progrès, les artilleries étrangères ne pouvaient plus rester stationnaires, elles se transforment, et, dans les guerres à venir, les armées seront toutes dotées de canons de précision à grande portée. Il est donc essentiel, pour maintenir notre supériorité, de suivre les expériences qui se font partout en Europe, et il serait sage, dans la lutte d'inventions qui s'est ouverte par l'adoption du canon obusier de 12, et qui se continue par celle des canons rayés, de ne pas s'en tenir exclusivement, par amour-propre national, aux propositions de l'artillerie française.* »

Archives de l'Artillerie (4 *c*-42).

« Ces observations s'adressent particulièrement aux pièces de campagne destinées à fournir un tir rapide et soutenu.

« L'étranger, qui a profité de notre expérience, paraît résolu à abandonner le bronze comme métal à canons, pour y substituer l'acier fondu, surtout en ce qui concerne les équipages de campagne. Déjà l'Angleterre, la Prusse et la Belgique ont adopté et fait fabriquer en grand un système de bouches à feu en acier, après des expériences qui paraissent avoir donné des résultats satisfaisants.

« Le Dépôt Central possède un modèle de canon prussien (au cinquième) que l'Empereur a daigné remettre à titre de spécimen ; très prochainement, nous serons en outre en possession de deux canons prussiens, l'un du calibre de 4 et l'autre du calibre de 6, avec les projectiles afférents à ces bouches à feu.

« On pourra donc procéder à des expériences qui fixeront notre opinion sur le mérite relatif de ce nouveau système.

« Dès 1864, des études ont été commencées au Dépôt Central, pour arriver à l'établissement d'un canon de 6 en acier ; mais, à cette époque, divers essais sur l'emploi de l'acier pour les bouches à feu étaient en cours d'exécution et l'on a dû attendre la fin de ces essais pour arrêter définitivement le projet du canon de 6 en acier.

« Les éclatements qui ont eu lieu à Châlons (¹) sembleraient indiquer que notre système d'ailettes et de rayures à flancs inclinés ne conviendrait pas à l'emploi de l'acier, surtout pour les fortes charges, et que la rayure prussienne, avec projectile revêtu d'un manchon malléable, conviendrait peut-être mieux à ce métal. Néanmoins, l'expérience seule pourra prononcer entre les deux systèmes.

« Le chargement par la culasse paraît jusqu'à pré-

(¹) Il s'agit, en particulier, de pièces de montagne fabriquées par le commandant d'artillerie Alexandre et d'un canon Krupp.

sent inhérent aux rayures adoptées par l'Angleterre et la Prusse ; mais le système de fermeture à coin, avec saillie sur le flanc de la bouche à feu, soulève des objections qui ont empêché de l'admettre dans le service de l'artillerie française ; on lui préfère généralement le système de vis à filets interrompus que le colonel Treüille a proposé pour la bouche à feu de la marine, et qui a été l'objet de nombreuses expériences à Gâvres et à bord de la flotte. Les objections n'ont pas empêché qu'il fût admis, en principe, au ministère de la Marine ; c'est donc ce système, approprié au service de campagne, qui devra être appliqué au canon de 6.

. . . .

« Les expériences, qui devront être terminées dans le cours de la présente année, porteront ainsi sur cinq modèles différents :

« 1° Canon de 4, du système prussien pur ;

« 2° Canon de 6, du système prussien pur ;

« 3° Canon de 6, du système prussien modifié pour recevoir la fermeture et l'obturation françaises ;

« 4° Canon de 6, avec rayures et obturateur français modifiés (obus à ailettes) ;

« 5° Canon de 6, avec rayures et obturateur français modifiés (obus forcé) ;

« Ces deux derniers avec la prépondérance à la volée. Dès que les dessins auront été soumis à mon approbation, je prendrai les ordres de M. le Maréchal, ministre de la Guerre, pour la suite à donner aux études. »

Sur ces données, on se mit à l'œuvre dans les ateliers de fabrication, puis dans les commissions d'expériences.

La commission de Versailles se livra à de nombreux essais de tir avec deux canons de 8, rayés d'après le système prussien et se chargeant par la culasse, l'un avec fermeture Treüille, l'autre avec fermeture Wahrendorf. Son rapport conclut en ces termes (30 mai 1868) :

« En définitive, il ressort des essais qui ont été exécutés que les pièces en bronze, avec leurs épaisseurs de métal actuelles, se prêtent bien au mode de chargement par la culasse et au tir des projectiles à enveloppes de plomb...

« L'application du mode de chargement par la culasse aux bouches à feu en bronze de siège et de place constituerait un véritable progrès ; l'application aux bouches à feu de campagne présenterait aussi certains avantages ; mais, avant de prononcer sur l'opportunité de cette mesure, il convient d'attendre que l'importante question des approvisionnements et des munitions ait été mieux étudiée. »

L'avis du général Canu, commandant l'artillerie de la Garde, en transmettant ce rapport, fut le suivant :

« ... Les pièces se chargeant par la culasse ont sur les autres une supériorité de justesse incontestable. La régularité du tir, jointe à l'absence presque complète de dérivation, constitue un avantage qui, moins grand pour l'artillerie de campagne que pour celle de siège et de place, n'en doit pas moins être pris en sérieuse considération... »

Encouragé par cet avis plutôt favorable, le Comité décida de pousser les expériences plus à fond :

« Au point de vue où la question est déjà parvenue, le Comité estime qu'il y a un très grand intérêt à poursuivre sans retard et sur une plus grande échelle les expériences sur les canons de cette espèce.

« En conséquence on a l'honneur de proposer à M. le Ministre de la Guerre de faire établir une batterie de six nouvelles pièces de 8 en bronze se chargeant par la culasse. Trois de ces pièces porteront le mécanisme du général Treüille de Beaulieu, et les trois autres, le mécanisme Wahrendorf, afin que l'on puisse se prononcer définitivement sur la préférence à donner à l'un ou à l'autre système... Les expériences de tir seraient exécutées au camp de Châlons où les pièces seraient poussées jusqu'à 1.000 coups au moins. » (Séance du Comité du 19 juin 1868.)

Ces propositions furent immédiatement approuvées par le ministre (maréchal Niel) et les expériences furent exécutées par la commission permanente du camp de Châlons, suivant le programme fixé.

L'avis de la nouvelle commission (25 février 1869) fut loin d'être aussi favorable que celui de la précédente :

« Le canon de 8 se chargeant par la culasse est inférieur presque de tout point au canon se chargeant par la bouche. Mais son plus grave inconvénient, qui est inhérent au principe même du système, c'est l'impossibilité où l'on est d'avoir confiance dans un canon qui peut, au moment du combat, ne pas se laisser ouvrir, dont le mécanisme peut se détraquer en campagne et qui, lorsqu'il sera très dégradé, peut se trouver tout à coup dans l'impuissance absolue de continuer le tir. Le forcement ne fait rien gagner comme centrage du projectile. Le chargement par la culasse n'a pour un canon de campagne aucun des avantages qu'il offre pour le canon d'embrasure, et il fait perdre beaucoup comme simplicité et solidité. »

L'avis du général de Berckheim, commandant l'artillerie de la 4e division à La Fère, qui transmit le rapport, fut tout aussi catégorique. Il résume de façon assez nette l'opinion qui avait cours alors chez nous ([1]) :

« On ne doit adopter, pour la guerre de campagne, des canons se chargeant par la culasse, que s'ils présentent, au point de vue de la justesse, une très grande supériorité sur les canons se chargeant par la bouche. Le mécanisme est plus compliqué, il est sujet à se détraquer ; il exige des précautions infinies ; la rapidité de tir n'est pas plus grande ; enfin, il y a la fusée qui est plus difficile à rendre fusante.

« Dans l'état actuel de la question, il faut donc ne pas être trop pressé, tout en continuant avec ardeur l'étude des canons se chargeant par la culasse, car l'avenir est là ; mais il n'y a pas de péril en la demeure.

« Nous estimons que la commission permanente du camp de

_____

([1]) Archives de l'artillerie (4 b-25).

Châlons a rendu un grand service au pays en empêchant peut-être l'adoption hâtive, sur une grande échelle, d'un canon qu'on avait trop préconisé.

« Il faut se méfier des expériences faites dans une seule école, au point de vue exclusif du polygone et sous la pression des auteurs.

« **Lors de l'adoption, en 1859, du canon rayé de 4, on avait aussi exagéré sa justesse de tir, et la moyenne annuelle des écoles de tous les polygones de France est bien au-dessous de ce qu'on avait espéré d'abord.**

« Si donc on ne veut pas avoir de mécompte, il faut continuer à étudier la question des canons se chargeant par la culasse avec conscience et surtout se garder d'adopter comme canon de bataille un canon se chargeant par la culasse dont la supériorité de tir ne serait pas immense et incontestable. »

Des expériences menées parallèlement à Versailles et à Châlons avec des canons de 4, tout en donnant de meilleurs résultats, n'avaient pas été plus concluantes [1].

Dans les corps de troupe, on ne se montrait pas non plus très enthousiaste pour le chargement par la culasse. On savait que, pour la rapidité du tir, on ne gagnait rien [2] et même que, pour le tir à mitraille, auquel on attachait une importance capitale, on perdait beaucoup :

« **Nos canons de campagne se prêtent à un tir de vitesse à mitraille plus rapide : 4 à 5 coups par minute. Ce tir de vitesse est complètement irréalisable avec les canons se chargeant par la culasse, dont le chargement nécessite constamment les plus grandes précautions.** » (Rapport Zurlinden.)

Et plus loin l'auteur ajoutait :

« **Elle (notre artillerie) ne peut évidemment que gagner à perfectionner ses fusées, à augmenter la vitesse initiale de ses projectiles, à chercher à améliorer sa mitraille**

---

[1] LABICHE, *Historique des études sur les canons rayés de campagne*, p. 40.
[2] Deux coups par minute dans l'un et l'autre système, d'après des expériences comparatives (*Revue d'Artillerie*, 1872, t. 1, p. 89).

aux grandes distances et à employer le tir roulant ; mais, telle qu'elle est, elle est dans d'excellentes conditions.

« Il ne nous appartient pas de prouver qu'il en est de même pour les canons se chargeant par la culasse. Cette question est actuellement à l'étude. Ces canons ont peut-être sur les nôtres l'avantage d'une justesse un peu plus précise aux grandes distances.

« Reste à savoir ce qu'il en est de la difficulté d'avoir de bonnes fusées fusantes, de ce mécanisme de fermeture qui exige tant de soins, tant de précautions, qui assigne à la charge et par suite à la vitesse initiale des limites si strictes, qui empêche tout tir précipité, etc. »

« Notre artillerie rayée est aussi simple que puissante et n'a rien à envier à aucune autre », écrivait en mars 1870 le colonel Crouzat, dans un projet de manuel à l'usage des sous-officiers (¹).

L'utilisation de l'acier n'avait pas donné de meilleurs résultats; les éclatements survenus aux commissions de Gâvres et de Châlons avaient quelque peu refroidi l'ardeur de ses partisans. Il est juste de dire que notre industrie n'était pas encore outillée pour nous donner des aciers... de tout repos (²). On étudia le système palliatif de l'introduction d'une âme d'acier dans les canons de bronze et celui, bien plus efficace, du *frettage*.

Les renseignements venus de l'étranger sur le nouveau système d'artillerie n'étaient guère plus encourageants.

(¹) Archives de l'Artillerie, n° 96.

(²) « Peut-être n'a-t-on été arrêté que par des questions de minerais et d'outillage, et surtout par l'absence de marteaux-pilons assez puissants, de marteaux-pilons comme en possède M. Krupp et dont probablement le roi de Prusse a fait les premiers frais, *sans permission de sa Chambre, sur son trésor de guerre.* » (Général SUSANE, *loc. cit.*)

Expériences à l'étranger

On connaissait chez nous les résultats des expériences qui avaient eu lieu en Angleterre dès l'année 1864 : expériences très minutieuses, très complètes, exécutées devant une commission officielle spéciale, qui avait pour mission de comparer les canons des deux grands industriels rivaux : Whitworth et Armstrong. Ceux-ci présentaient en particulier des pièces rayées de campagne de 12 (calibre 76ᵐᵐ environ), Armstrong, un canon se chargeant par la bouche et un autre se chargeant par la culasse ; Whitworth, seulement un canon se chargeant par la bouche, ayant renoncé de lui-même, après expériences, au chargement par la culasse.

Eh bien ! si la Commission Royale trouva difficile de se prononcer sur la valeur relative des deux canons se chargeant par la bouche, elle fut très affirmative sur celle du canon se chargeant par la culasse : elle le déclara inférieur aux deux autres *à tous les points de vue.* A la suite de ces essais, Armstrong *avait renoncé, comme son concurrent, au chargement par la culasse.*

« **Le côté faible de ces canons**, écrivait Arkolay en 1868, en parlant des canons prussiens, **est leur mécanisme de fermeture par la culasse, qui, malgré toutes les précautions, peut toujours, au plus beau moment, sauter à la figure des servants. De là forcément une charge de poudre limitée. Pour les canons rayés se chargeant par la bouche, la charge de poudre est également très faible : car ils ont leurs rayures, leurs ailettes et même leurs projectiles à préserver.**

« **En sorte que, pour ces canons, la charge est déterminée non pas par l'effet que l'on veut produire, mais par l'effort que peut supporter le mécanisme.**

« **La construction de ce mécanisme de fermeture est**

horriblement difficile. Le métal est tantôt trop dur, alors il y a des chances de rupture, tantôt trop mou, alors les pièces peuvent se fausser trop facilement.

« L'impossibilité de tirer se manifeste brusquement, sans que rien l'ait annoncée aux coups précédents, et peut arriver inopinément au moment le plus critique.

« L'entretien du mécanisme est d'une absolue nécessité et exige des soins longs et journaliers.

« L'on peut se demander ce qu'il adviendrait d'un pareil matériel dans une retraite, après un échec, par la pluie, avec un personnel fatigué, décimé.

« L'emplombage des rayures arrive inévitablement après un certain nombre de coups ; pour l'enlever, il faut une huile spéciale, des instruments, des ouvriers spéciaux et beaucoup de temps, ce qui suppose un ennemi bien débonnaire.

« Les parties intérieures du canon doivent être préservées avec soin du sable, de la poussière, de l'humidité, voire même de l'air. La rouille est une si terrible chose !

« Toutes les précautions à prendre pour essuyer, pour placer, pour replacer les différentes parties du mécanisme pendant le tir sont des plus compliquées et sont d'une absolue nécessité. Et c'est là l'arme de l'artillerie de campagne !

« Contre des armées pourvues de pareils canons, on n'aurait qu'un système à pratiquer, la temporisation. La rouille serait là pour détruire l'artillerie ennemie.

« Pour satisfaire à toutes ces conditions de soin et d'entretien, il faut à cette artillerie un grand outillage, une foule d'accessoires, de brosses, d'onguents qui donnent à ses coffres de l'analogie avec des caisses de pharmacien.

« Le personnel de cette artillerie doit être forcément très soigneux, très bien exercé. L'instruction des hommes et des sous-officiers est longue et difficile.

« La bouche à feu et ses munitions coûtent très cher.

« Le tir ne peut pas être très vif.

« La complication des hausses, qui sont nécessaires dès 500 m, augmente la lenteur du tir.

« Ces canons sont d'autant moins durables que les efforts supportés par l'âme sont relativement très considérables, à cause des poids des projectiles, qui sont doubles de ceux des projectiles des canons lisses de même calibre. Les éclatements des fusées dans l'âme détériorent un canon à tout jamais.

« Ils ne se prêtent pas à l'armement de toutes les variétés de l'artillerie de campagne. Ce sont des pièces de position, bonnes tout au plus pour armer l'artillerie à pied. Jamais on n'aurait dû les donner à l'artillerie à cheval, qui ne doit pas combattre de pied ferme, qui doit marcher avec ardeur au combat de près, avoir un feu vif, et dont les boulets et la mitraille sont les projectiles par excellence.

« C'est comme si l'on armait les hussards avec de lourdes épées à deux mains... » (¹)

Mais voici qui était encore plus impressionnant.

Pendant qu'on poursuivait chez nous les expériences sur le chargement par la culasse et sur l'emploi de l'acier, on recevait coup sur coup du lieutenant-colonel Stoffel trois rapports annonçant que la Prusse et la Russie avaient éprouvé tant de mécomptes avec leur nouveau matériel qu'elles allaient y renoncer.

Premier rapport du lieutenant-colonel Stoffel (²)

Berlin, 20 février 1868

« Faut-il continuer à construire en acier fondu les pièces de campagne, ou convient-il de revenir à l'emploi du bronze ? Cette question divise plus que jamais les

---

(¹) Archives de l'Artillerie, 2-b-2 (c).
(²) Archives de l'Artillerie, 8-a-11.

officiers d'artillerie prussiens, et, dans les derniers jours de janvier, le général Hindersin, général-inspecteur de l'artillerie, réunit la plupart des officiers présents à Berlin, pour entendre le rapport d'un capitaine revenu de la fabrique d'Essen (à M. Krupp), où il avait été en mission pendant plusieurs mois. J'ai fait connaître, dans un rapport de la fin de 1866, par quelles raisons cette grave question de l'emploi de l'acier ou du bronze avait produit dans le personnel de l'artillerie, après la dernière guerre, une agitation extraordinaire. J'ai dit comment il m'avait été permis d'examiner les onze pièces en acier qui ont éclaté depuis que la Prusse a adopté l'acier, dont six avant la guerre dans des expériences à charge forcée, et cinq pendant la guerre même. Toutes ont éclaté à la culasse, sauf une dont un large morceau s'est détaché en avant des tourillons au combat de Skalitz.

. . . .

« Quoi qu'il en soit, ces cinq accidents, survenus en plein combat, ont vivement ému le personnel de l'artillerie. Des séances dont j'ai rendu compte, séances présidées par le prince Charles, chef de l'artillerie, eurent lieu dès la fin de 66 ; les discussions furent des plus vives.

« Les partisans de l'emploi de l'acier, à la tête desquels se trouve le général Neuman, créateur du système actuel, firent remarquer que toutes les pièces ayant éclaté à la culasse, ce fait ne permettait pas de conclure que l'acier n'est pas la matière par excellence; qu'il fallait chercher à perfectionner le mode de fermeture, donner plus de force à la culasse, arrondir certaines arêtes formées à angle droit. Ils ajoutèrent qu'il ne serait pas raisonnable, après les grandes dépenses faites par la Prusse pour compléter son matériel en acier, de revenir au bronze, sans avoir essayé d'abord d'introduire les perfectionnements par eux indiqués.

. . . .

« On ne se ferait pas une idée complète des dissensions

qui règnent ici dans le personnel de l'artillerie, si l'on n'ajoutait que le nombre des adversaires de l'acier se grossit de tous les officiers d'artillerie subalternes qui ont fait la guerre de 66. Ils formulent leur idée d'une façon commune, mais expressive, en disant aux généraux discutants : « Donnez-« nous des canons qui soient en bois si vous voulez ; mais « qu'ils n'éclatent pas ! »

« L'agitation causée par ces discussions incessantes depuis la campagne de 66 s'est accrue lors de la séance des derniers jours de janvier dernier, séance où l'officier envoyé à Essen a fait un rapport peu favorable à l'emploi de l'acier. Des divers détails qu'il m'a été possible de recueillir sur cette conférence, j'ai cru pouvoir conclure, comme l'année dernière, que, si aujourd'hui la Prusse n'avait pas de matériel de campagne et qu'elle eût à s'en créer un, elle n'adopterait pas l'acier. »

Deuxième rapport du lieutenant-colonel Stoffel [1]

Berlin, 22 juillet 1868

. . . .

« Je répète donc qu'aucune décision n'a été prise et qu'on n'en prendra pas de longtemps dans une affaire de cette importance (le changement de métal à canon).

« On ne peut méconnaître toutefois que la tendance d'en revenir au bronze pour les canons de campagne augmente de plus en plus. Il m'est facile de discerner ici que le nombre des partisans du bronze s'accroît peu à peu, que ses adversaires perdent du terrain et que les généraux Hindersin, Hohenlohe et d'autres usent de leur influence en faveur du bronze. Les expériences qui se font, depuis quelque temps, avec des canons de campagne en bronze se chargeant par la culasse, doivent être regardées comme une concession faite par les partisans de l'acier

---

[1] Archives de l'Artillerie, 8-a-11.

et comme une victoire remportée par les partisans du bronze. »

Troisième rapport du lieutenant-colonel Stoffel ([1])

Berlin, 31 août 1868

« Aujourd'hui 21 août, a été prise à Berlin une décision de la plus haute importance ; le retour à l'emploi du bronze pour les pièces de campagne. J'ai rendu compte, dans mon rapport du 22 juillet, des essais entrepris par la Commission d'épreuves. L'officier chargé de rédiger le rapport relatif à ces expériences ayant terminé son travail, la Commission s'est réunie aujourd'hui et s'est prononcée à l'unanimité pour l'emploi du bronze dans la fabrication des canons de campagne et pour l'adoption des modèles de 4 et de 6 qui ont servi aux expériences.

« La question sera soumise ces jours-ci à ce qu'on appelle ici l'Inspection Générale de l'Artillerie, présidée par le Prince Frédéric-Charles ; mais la décision de cette commission n'est pas douteuse. Puis viendra la sanction du Roi.

« Cette importante question doit donc être regardée comme tranchée... » ([2]).

([1]) Archives de l'Artillerie, 8-a-11.

([2]) Dans son rapport du 5 juillet 1870, le lieutenant-colonel Stoffel devait confirmer encore ces renseignements :

« Système 1869. — Le bronze a, comme on sait, remplacé l'acier dans la fabrication des pièces d'artillerie de campagne de l'armée fédérale. Cependant le Roi n'a pas encore signé l'ordre qui rendra ce changement définitif, et les nombreux partisans du bronze commencent à lui faire un reproche de son hésitation. Ainsi que je l'ai déjà indiqué, ce retour au bronze n'entraîne nullement la suppression d'emblée du matériel en acier; il signifie simplement qu'à mesure des besoins, les canons en acier seront remplacés par des canons en bronze.

. . . .

« Voici quelques données sur ces nouvelles pièces en bronze :

Canon de 4 . . .	Poids de la pièce, 275 kg (avec fermeture); Poids de la charge, 500 gr; Vitesse initiale (pas encore mesurée); Longueur de la pièce, 1^m 83.

Après cela, faut-il tant s'étonner que le général Le Bœuf ait cru devoir décliner les offres de plusieurs industriels (*dont M. Krupp*), qui lui proposaient des canons d'acier?

On comprend aussi, jusqu'à un certain point, pourquoi il disait un jour à un général belge, lequel le répéta au général de Wimpffen, que « le canon prussien avait une durée moindre que le nôtre, qu'il ne présentait point d'assez sérieux avantages pour être accepté et que nos voisins feraient bien de nous imiter » ([1]).

Cela explique enfin la lettre que lui adressait, le 10 février 1870, son successeur à la présidence du Comité de l'Artillerie, le général Forgeot :

« **Je demande à V. E. la permission d'appeler son attention sur la détermination prise successivement par la Prusse et la Russie d'abandonner l'acier et de revenir au bronze pour la fabrication de leurs canons.**

« **La Prusse s'y est décidée la première, il y a quelque temps, malgré les préférences personnelles du Roi pour les canons en acier, et sans s'arrêter à la dépense considérable du changement de presque toutes ses bouches à feu de campagne. La Russie vient de prendre le même parti : une note récente de M. le commandant de Miribel, attaché militaire à l'ambassade de Saint-Pétersbourg, annonce en effet que le retour au bronze est décidé en principe. On doit conclure de ces décisions prises par la Prusse et la Russie que, dans ces deux pays, les canons en acier n'ont pas donné de bons résultats. Cet insuccès doit-il être attribué à la nature même du métal employé? Veut-**

Canon de 6 . . . { Poids de la pièce, 430 kg;
 Poids de la charge, 600 gr;
 Vitesse initiale, 306 m;
 Longueur de la pièce, 1ᵐ 94.

« Ce nouveau système d'artillerie de campagne portera le nom *modèle 1869...* » (*Rapports militaires du lieutenant-colonel Stoffel*, p. 439. *Paris*, Garnier, 1871.)

([1]) *Mémoires du général de Wimpffen*, cité par Lehautcourt, *Histoire de la guerre de 1870-71*, vol. I, p. 192. (*Paris*, Berger-Levrault, 1901).

on espérer que les usines qui ont fait des offres au département de la Guerre soient en mesure de fournir de l'acier supérieur à celui des canons prussiens et russes ? Je ne le pense pas. Ce qui me confirme dans cette opinion, c'est qu'en Angleterre, où l'on fabrique pourtant de l'acier fondu d'excellente qualité, on ne paraît pas avoir songé à substituer ce métal au bronze dans la fabrication des bouches à feu. On ne l'a jamais employé que pour former le tubage intérieur des pièces, qu'on renforçait ensuite par une ou plusieurs enveloppes de fer forgé.

« Dans cet état de choses, il est permis de se demander quelles conclusions on pourrait tirer, avec certitude, d'essais portant sur un petit nombre d'échantillons, dont la fabrication a dû, nécessairement, être l'objet de soins particuliers. En admettant que les résultats en fussent excellents, ils ne pourraient, ce me semble, infirmer ceux de l'expérience faite en Prusse et en Russie, sur une beaucoup plus grande échelle, et qui ont amené l'abandon de l'acier comme métal à canons.

« Ces diverses considérations m'engagent à soumettre à V. E. la proposition de ne pas exécuter, en ce moment du moins, les expériences de tir projetées pour éprouver les canons en acier fondu préparés avec des échantillons de ce métal fournis par les différents fabricants sus-mentionnés » (¹).

(¹) Archives de l'Artillerie, 4-b-25.

Le canon de Reffye

D'autre part, le Comité de l'Artillerie n'ignorait pas qu'au laboratoire de Meudon, dont il avait la surveillance au point de vue administratif, un nouveau système d'artillerie était sérieusement étudié qui paraissait devoir donner complète satisfaction.

Les idées de l'Empereur, du moins en fait d'artillerie, n'étaient pas toujours du domaine du rêve, et maintenant que, grâce au recul du temps, les opinions politiques n'influent plus sur les appréciations balistiques, il faut reconnaître qu'il a parfois vu juste.

Nous ne parlons pas du *canon à balles*, bien que, depuis, celui-ci ait été réhabilité et qu'on ait reconnu que son principal défaut fut d'avoir été mal employé (¹). Mais le canon à chargement par la culasse que l'Empereur faisait construire et étudier par le commandant de Reffye mérite qu'on s'y arrête.

Dès 1858, Napoléon III avait songé à munir ses canons rayés d'une culasse, et, malgré les nombreuses difficultés qu'il rencontra et dont la moindre ne fut pas le manque d'argent (²), en dépit des renseignements défavorables venus de toutes parts, le « doux entêté » persista jusqu'au bout dans son dessein.

« **Dans le courant de décembre 1858 et janvier 1859, l'Empereur arrêta le programme des pièces à construire et des expériences à exécuter pour les études qu'il se propose de faire d'un projet de nouvelle artillerie de campagne.**

« **Ces études portent sur deux bouches à feu distinctes.**

« **La première, destinée à être chargée par la bouche,**

(¹) Voir *Revue d'Histoire*, t. 36, 37, 38, 39 : *Le Canon à balles pendant la guerre de 1870*.

(²) A plusieurs reprises l'Empereur dut solder les différences sur sa cassette particulière.

doit être formée d'un noyau d'acier taillé en hélice... autour duquel sera coulé le bronze...

« La deuxième pièce, destinée à être chargée par la culasse, doit être en bronze entièrement.

« Ces deux pièces doivent l'une et l'autre tirer des projectiles creux de 4 kg contenant environ 200 gr de poudre et ayant une longueur égale à trois fois leur calibre. » (Rapport du commandant de Reffye du 4 avril 1864) [1].

Pour réduire les frais, il fallut utiliser les canons et les poudres de nos approvisionnements.

Heureusement, l'Empereur, cette fois, avait trouvé l'homme de la situation : son aide de camp, le commandant de Reffye, qui, avec une science et une ardeur auxquelles on ne saurait trop rendre hommage, sut résoudre le problème complètement et rapidement.

Il construisit d'abord un *canon de 3* (ancien canon de 4) puis un *canon de 7* (ancien canon de 8), en les munissant de la fermeture à vis Treüille de Beaulieu quelque peu modifiée.

Mais, ne se contentant pas de l'estampille impériale, il réclama le jugement d'une commission.

Celle-ci expérimenta à Versailles, du 15 mai au 19 juillet 1870, les canons de Reffye comparativement aux canons réglementaires et aux canons se chargeant par la culasse envoyés par le Dépôt Central.

On reconnut aux premiers une supériorité incontestable [2].

On sait que, dans la deuxième partie de la guerre, ces nouvelles pièces subirent avec succès l'épreuve du champ de bataille, et la rapidité avec laquelle le colonel

[1] Archives de l'Artillerie, 4-b-14. L'Empereur prescrivait en même temps des études sur les *poudres pressées*, qui avaient fait leur apparition en Amérique pendant la guerre de Sécession.

[2] Voir LABICHE, *Historique des Études sur les canons rayés*, p. 52. *Paris*, Berger-Levrault, 1883.

de Reffye put en construire au cours même de la campagne, par des moyens de fortune, dans des installations improvisées (¹), prouve que, pour que les troupes impériales en fussent dotées, il eût suffi au Gouvernement de le vouloir et d'oser demander à la Chambre les crédits correspondants.

En 1872 nous avions environ 2.000 canons de 7 (²) et les commissions de Bourges et de Calais, qui étudièrent à nouveau la pièce pour établir les tables de tir, déclaraient, au commencement de l'année 1873, que la bouche à feu pouvait soutenir la comparaison avec les meilleures pièces alors en service à l'étranger (³).

(¹) A Nantes, dans les ateliers d'un industriel, M. Voruz. Encore le colonel de Reffye mena-t-il de front la construction de nouvelles mitrailleuses.

(²) *Revue d'Artillerie*, t. **2**, p. 160.

(³) LABICHE, *loc. cit.*, p. 108. *Revue d'Artillerie*, t. **2**, p. 161. « Le canon de 7 a sensiblement la même justesse de tir que le canon prussien de 9 cm ; la vitesse initiale est plus grande que celle de ce dernier, mais la permanence de la vitesse paraît un peu moindre; *sous tous les autres rapports le canon de 7 est supérieur au canon prussien.* » (Capitaine H. LANGLOIS : *Les Artilleries de campagne de l'Europe en 1874.* Paris, Berger-Levrault, 1875, p. 140, 5 fr.).

Opinions après la guerre

Il ne faut pas croire d'ailleurs que, même après l'expérience de la guerre contre l'Allemagne, la supériorité du chargement par la culasse se soit affirmée avec une évidence indiscutable.

En 1871, le Ministre de la Guerre avait prescrit une enquête sur le matériel d'artillerie employé pendant la campagne, enquête à laquelle tous les officiers de l'arme étaient conviés à prendre part (Dépêche du 28 juin 1871). A cet effet, il leur avait été adressé un questionnaire, auquel ils devaient répondre individuellement.

Voici, en ce qui concerne les bouches à feu, le résumé de ce referendum [1] :

Canon de 12 rayé de campagne

« *Service de la bouche à feu.* — Le service du canon de 12 rayé de campagne est facile, excepté sur des terrains détrempés ou dans des terres labourées où la manœuvre devient rapidement fatigante. La vitesse du tir qu'on peut obtenir en pointant avec soin est suffisante : elle est d'environ un coup par minute.

« *Tension de la trajectoire ; justesse.* — La trajectoire n'est pas suffisamment tendue. La justesse est très remarquable pour des portées inférieures à 1.200 m et avec des pièces neuves ; mais aux grandes distances, et surtout lorsque l'usure des rayures a commencé à se produire, le tir manque de précision.

« *Efficacité du tir.* — Contre l'artillerie ou l'infanterie, le tir possède une efficacité suffisante jusqu'à 2.500 m envi-

[1] *Revue d'Artillerie*, t. 4, p. 64.

ron. Au reste, dans l'appréciation de cet élément, il est nécessaire de tenir compte de la fusée employée. Avec des fusées à temps fonctionnant convenablement, les effets du tir sont satisfaisants jusqu'à la distance qui correspond à la durée extrême de la combustion de la colonne fusante. Avec des fusées percutantes, il en est de même dans les limites de portée indiquées précédemment, lorsque les projectiles tombent sur un terrain dur ou rencontrent un obstacle résistant; mais, dans un sol mou, les obus s'enfoncent profondément quand la distance à laquelle se fait le tir atteint 2.000 m, et ils cessent dès lors d'être véritablement dangereux pour l'ennemi.

. . . .

« *Mobilité*. — Dans les circonstances ordinaires, le canon de 12 possède une mobilité suffisante, même lorsque le terrain est accidenté. Mais il n'en est plus de même quand les fatigues de la guerre ont diminué la force des attelages; les pièces de 12 suivent alors difficilement les colonnes.

« *Résumé*. — Le canon de 12 possède des qualités réelles qui motivent suffisamment la faveur relative dont cette bouche à feu a joui pendant la dernière guerre, bien qu'elle parût inférieure au canon de 7 et à certains canons étrangers.

. . . .

« Il serait utile, du reste, de lui faire subir d'importantes modifications, signalées par un grand nombre d'officiers (augmenter la charge, changer le profil et le pas des rayures, le tracé des projectiles, adopter un dispositif pour la suppression du vent, etc.) »

Canon de 8 rayé de campagne

« Les officiers, peu nombreux, qui ont fait usage du canon de 8 pendant la dernière guerre, ont tous émis un avis favorable à cette bouche à feu; notablement plus mobile que le canon de 12, elle lui est encore supérieure par la justesse du tir, et il semble que, moyennant quelques modifications analogues à celles qui viennent d'être indiquées, on pourrait en faire une bonne pièce de campagne. »

Canon de 4 rayé de campagne

« *Service de la bouche à feu.* — Le service du canon de 4 rayé de campagne est facile en toutes circonstances. La vitesse du tir est de 2 coups par minute en moyenne ; elle peut être portée à 3 coups, lorsque, comme dans le tir à mitraille contre la cavalerie, on ne s'astreint pas à un pointage très exact. Une plus grande vitesse de tir serait nuisible plutôt qu'utile.

« *Tension de la trajectoire ; justesse.* — La trajectoire n'est pas suffisamment rasante ; l'étendue des zones dangereuses diminue rapidement quand les portées augmentent et le tir ne produit de bons effets qu'autant qu'on a pu apprécier exactement la distance de l'ennemi. La justesse, assez remarquable jusqu'à 1.200 m, décroît sensiblement au delà de cette limite.

« *Efficacité du tir.* — Le tir contre l'infanterie ou l'artillerie n'a une efficacité suffisante que jusqu'à 2.000 m environ. Les effets obtenus avec l'obus de 4 eussent d'ailleurs été plus satisfaisants si ce projectile avait été armé d'une fusée à temps qui permît de faire varier les points d'éclatement par degrés plus rapprochés.

. . . .

« *Mobilité.* — Attelé à quatre chevaux, le canon de 4 est d'une légèreté remarquable ; mais si précieuse que soit cette qualité, il y a lieu de la sacrifier en partie pour augmenter la puissance de cette bouche à feu qui est insuffisante.

« *Résumé.* — Le canon de 4, quels que soient les avantages qu'il présente pour la facilité du service et pour la mobilité, doit être remplacé par une pièce nouvelle, parce qu'il est notablement inférieur aux canons de campagne étrangers sous le rapport de la tension de la trajectoire et de la justesse du tir. »

. . . .

Canon de 7

« *Service de la bouche à feu.* — Le service du canon de 7 offre parfois des difficultés (dans les terrains détrempés) en raison du poids de la bouche à feu et de la manière dont la masse est répartie par rapport à l'axe des tourillons. La vitesse du tir est suffisante ; elle ne dépasse pas d'ailleurs celle des canons se chargeant par la bouche. L'extraction automatique des cartouches vides ne se fait pas toujours aisément.

. . . .

« *Tension de la trajectoire ; justesse de tir.* — Le canon de 7 a une trajectoire beaucoup plus tendue que celles des autres bouches à feu françaises, et la justesse du tir est également satisfaisante. Pendant le second siège de Paris, il a donné, à de grandes distances, des effets remarquables.

« *Efficacité du tir.* — Le tir du canon de 7 est efficace jusqu'à 4.500 m contre l'infanterie ou l'artillerie.

. . . .

« *Mobilité.* — Le canon de 7 est trop lourd pour qu'on puisse le donner aux batteries divisionnaires ; mais il serait employé avec avantage tout au moins pour une partie de l'armement des batteries de réserve.

« *Résumé.* — Malgré certains défauts qu'impliquent en partie les circonstances dans lesquelles cette bouche à feu a été construite, le canon de 7 a une supériorité réelle sur les autres canons français au point de vue balistique, et son emploi ne peut être qu'avantageux en campagne, tant pour la destruction des obstacles que pour les combats d'artillerie à longue distance. »

. . . .

Canon à balles

« *Efficacité du tir*. — L'efficacité du tir est très remarquable pour les distances comprises entre 1.200 et 2.500 m. Dans ces limites, une troupe d'infanterie, formée en colonne ou déployée, ne saurait tenir à découvert sous le feu d'une batterie de canons à balles sans éprouver des pertes très sérieuses. L'effet obtenu serait plus considérable encore si le tir était dirigé contre une masse de cavalerie ; il serait très faible au contraire si on avait affaire à des tirailleurs. Jusqu'à 2.000 m les canons à balles peuvent, sans trop de désavantage, lutter contre les canons de bataille ordinaires lorsque l'ennemi se tient à découvert ; mais s'il a pris soin d'espacer convenablement ses pièces et de les couvrir en partie, les canons à balles auront le dessous.

. . . .

« *Résumé*. — Le canon à balles satisfait convenablement à la condition principale en vue de laquelle cette bouche à feu a été créée. Il permet en effet d'obtenir à des distances bien supérieures à la portée du fusil d'infanterie, un tir à mitraille très efficace et son emploi peut être d'une grande importance dans les moments décisifs. »

On voit donc, en définitive, que si les officiers reconnaissaient l'infériorité de leur matériel sous de nombreux rapports, ils n'incriminaient pas d'une façon spéciale le chargement par la bouche, puisqu'ils demandaient même le maintien en service du canon de 8 (¹).

Mais voici qui est encore plus significatif.

Par circulaire du 5 août 1871, le ministre provoquait parmi les officiers d'artillerie l'étude d'un nouveau canon de campagne. Ce canon devait être intermédiaire entre le 4 et le 8, en bronze ou acier et à *fermeture de culasse*.

Vingt-huit projets furent ainsi établis, émanant soit de travaux individuels, soit de commissions régimentaires.

Eh bien! quoiqu'il eût été formellement spécifié que le nouveau canon serait à fermeture de culasse, sur ces vingt-huit projets, six concernaient un canon se chargeant par la bouche et, de plus, quatre autres auteurs, tout en présentant un projet de canon à fermeture de culasse, pour se conformer aux indications du programme, exprimaient leur préférence pour l'autre système (²).

A propos de cette circulaire du 5 août 1871, le général Favé écrivait au général Susane, directeur de l'Artillerie, en lui rappelant les expériences anglaises de 1864 :

« **Dans cet état de choses, vous penserez peut-être qu'il serait à propos de ne pas exclure le chargement par la bouche des projets à faire pour le canon de campagne.** » (Lettre du 18 septembre 1871) (³).

Le général Susane d'ailleurs, dans une brochure écrite pendant le siège de Paris, intitulée *L'Artillerie avant et depuis la guerre* (⁴), disait :

« **Les officiers d'artillerie, dont l'opinion devrait avoir**

(¹) A noter qu'avant la guerre un certain nombre d'officiers avaient demandé le remplacement du canon de 4 par le canon de 8.

(²) Voir *Revue d'Artillerie*, t. 1, p. 233.

En ce qui concerne le choix du métal, il y eut six solutions pour le bronze, treize pour l'acier, deux pour le fer et acier et huit pour le bronze à âme d'acier. Les trois projets primés et signalés comme devant être mis à l'étude furent ceux du commandant du Pan, du commandant Mugnier, et du capitaine de Lahitolle.

(³) Archives de l'Artillerie, 4-b-14.

(⁴) Publiée en 1872 chez Hetzel mais achevée au moment même de

quelque valeur en pareille matière, puisque, en définitive, c'est à eux qu'appartient jusqu'ici la responsabilité de l'emploi des canons, préfèrent unanimement les canons se chargeant par la culasse pour le service des batteries fixes, dont l'emplacement a été étudié et choisi pour commander au loin la campagne, où chaque pièce a un objectif fixe, déterminé, dont la distance est exactement calculée d'avance, où l'on a le temps et les moyens de réparer les avaries. Cette unanimité est loin d'exister entre eux pour le service du champ de bataille, où tout est mobile, imprévu, urgent, où il faut toujours finir par s'aborder et s'engager dans la limite de la portée des fusils d'infanterie. »

D'une note écrite par un officier supérieur d'artillerie quelques jours après la bataille de Sedan, nous extrayons le passage suivant :

« On est convenu dans le public et même dans l'armée que le chargement par la culasse donne au canon Krupp une rapidité de tir que le nôtre ne peut avoir. On raconte que le canon Krupp tire six coups pendant que le nôtre en tire un ; c'est une erreur. Le nombre de coups tirés dans le même temps avec la plus grande rapidité possible par les deux canons sont dans le rapport de 11 à 12, ce qui fait une différence insignifiante. C'est encore là un avantage secondaire dont nous ne nous serions pas aperçus si nos projectiles avaient éclaté convenablement.

« Il ne s'agit ici évidemment que de l'artillerie de campagne, car le chargement par la bouche est condamnable à tous les points de vue pour les pièces de siège et de place. » (¹)

la reddition. La brochure se termine ainsi : « Nous sommes arrivés à cette heure douloureuse qui est fatalement marquée pour toute place forte qui n'est pas secourue. — *Paris n'a plus de pain...* » (Archives de l'Artillerie, 3-b-159.)

(¹) Cité par DE SUZANNE, *Des Causes de nos désastres* (1871), p. 70.

Peu de temps après la guerre, le colonel Maxwell, de l'artillerie anglaise, directeur de la fonderie de Cossipore, dans une lettre à son Gouvernement, appréciait la valeur respective des artilleries française et allemande et concluait évidemment à la supériorité marquée de la seconde. Mais il ajoutait :

« Toutes les considérations qui précèdent sont complètement indépendantes du mode de chargement employé, qu'il ait lieu par la bouche ou par la culasse...

« Un officier d'artillerie placé à dix pas en arrière d'une batterie prussienne de 4 en action décrit le chargement de ces canons comme n'étant rien moins que facile. Après chaque décharge, le canonnier avait besoin d'agir de toutes ses forces sur l'appareil de culasse pour pouvoir l'ouvrir, et dans un cas il fallut employer un levier...

« En résumé, je puis affirmer sans crainte que le canon de 4 en bronze se chargeant par la bouche, que nous venons d'adopter dernièrement, est le plus puissant canon de campagne de même dimension qui existe en Europe... » ([1])

« Il faut avouer, écrivait en 1874 le capitaine H. Langlois ([2]), que tous les canons à chargement par la culasse actuellement en service n'ont pas sur les canons de Woolwich (se chargeant par la bouche) une supériorité assez manifeste pour justifier leur complication réelle » et, bien que réclamant malgré tout des canons se chargeant par la culasse, il ajoutait : « nous regrettons pourtant les effets destructeurs du canon de 12, que nous ne retrouvons pas dans le canon de 7. »

Enfin voici l'opinion d'un juge qui ne peut être soupçonné ni d'incompétence ni de parti pris : en 1873, l'inventeur et le principal promoteur chez nous du

---

([1]) Cité par DE SUZANNE, loc. cit, p. 71. L'artillerie anglaise a conservé le chargement par la bouche pour ses pièces de campagne jusqu'en 1877.
([2]) Les Artilleries de Campagne de l'Europe en 1874, p. 18.

chargement par la culasse, le général Treüille de Beaulieu, adressait au Comité de l'Artillerie un mémoire
relatif « *aux considérations générales sur les études rela-
tives à la création d'une nouvelle artillerie de campagne* »(¹)
et il y disait notamment :

· « L'auteur du canon français a eu parfois à souffrir
dans son amour-propre de la vivacité de ces critiques,
mais il a vu, au même moment, l'Angleterre le suivre
avec quelque succès dans la voie qu'il avait tracée ; et,
après tous les essais qui viennent d'être faits, il a vu
également une partie des membres des commissions
d'expériences, et nombre d'officiers sérieux et instruits
exprimer hautement l'opinion que, provisoirement encore,
mieux valait se contenter du chargement par la bouche pour
l'artillerie de campagne. Les légers avantages que procure
le chargement par la culasse ne leur ont pas paru suffisants
pour compenser les complications et les inconvénients qu'il
entraîne.

« Si nous voyons avec satisfaction ce retour de l'opinion à une idée que nous n'avons cessé de défendre, ce
n'est pas que nous soyons ennemi par système du chargement par la culasse, loin de là : nous avons été le
premier à l'appliquer aux pièces de la Marine, et nous
l'avons admis pour les pièces de siège et de place, parce
que, pour ces différentes bouches à feu, ses inconvénients
sont moindres que pour le canon de bataille, et ses
avantages tellement incontestables que, dès l'origine
des canons rayés, son adoption devait être considérée
comme une chose nécessaire.

« Nous avons même proposé, à plusieurs reprises, de
l'appliquer aux pièces de réserve, parce que le nombre
de ces bouches à feu est toujours assez restreint dans
une armée pour qu'il ne puisse en résulter un inconvénient sérieux. Cette application sur une petite échelle

---

(¹) Archives de l'Artillerie, 4-b-14, 20 septembre 1873.

du chargement par la culasse aurait, au contraire, cet avantage de favoriser les essais faits pour arriver à une bonne solution pratique, et de préparer ainsi son adoption définitive.

« En le rejetant pour le canon divisionnaire, nous ne nous sommes point dissimulé qu'au point de vue balistique, nous rendions, peut-être, le problème plus difficile à résoudre, mais aujourd'hui, et cela malgré quelques progrès réalisés, ce mode de chargement présente encore des inconvénients pratiques assez sérieux pour qu'il nous semble difficile de l'appliquer au canon divisionnaire sans s'exposer à de graves mécomptes.

« Nous continuons donc à penser que le moment n'est pas encore venu d'abandonner le chargement par la bouche, et que nous ferions sagement de suivre en cela l'exemple de l'Angleterre. »

De tout cela il semble bien résulter que si notre artillerie a eu tort de ne s'être pas armée avant 1870 d'une pièce supérieure au canon de 4, sa culpabilité, à ce point de vue, n'est pourtant pas de l'ordre qu'on s'est plu à dire; en tout cas, sa faute n'est pas dans le fait d'avoir renoncé au chargement par la culasse, comme on l'a si souvent répété d'après une légende communément répandue.

Nous supportions en définitive les conséquences d'avoir été les premiers à posséder des pièces de campagne rayées : l'honneur d'être des précurseurs en matière d'armement a pour rançon le risque d'avoir un matériel déjà vieilli une fois que les autres nous ont imités, et l'avance est un avantage ou un désavantage suivant que la guerre éclate ou non au bon moment. De cela les constructeurs ne sont pas responsables : ils ne sont pas les maîtres de l'heure.

LES FUSEES

Bien autrement grave que le chargement par la bouche a été l'emploi d'une fusée défectueuse.

Fusées fusantes

Pendant la campagne d'Italie on avait utilisé des fusées fusantes : *une fusée à une durée*, proposée par le lieutenant-colonel Treüille de Beaulieu, et une *fusée à six durées* (¹), proposée par le capitaine Demarest (²).

Le fonctionnement de ces fusées, d'ailleurs fabriquées à la hâte pour les besoins immédiats de la guerre, ne fut pas toujours satisfaisant, ainsi qu'en témoigne le rapport suivant du général Le Bœuf, établi à la suite de la campagne (³) :

« Pendant toute la campagne, mais surtout à Solférino, les fusées ont fourni les résultats les plus irréguliers.

« Les fusées à un seul canal, qui composaient la majeure partie du premier approvisionnement, ont donné une proportion considérable d'éclatements prématurés. D'autre part, après les batailles de Magenta et de Solférino, il a été retrouvé un assez grand nombre de projectiles qui n'avaient pas éclaté.

. . . .

« Les fusées à six évents ont aussi présenté d'assez nombreuses anomalies : une partie des éclatements prématurés donnés par ces fusées tenait sans doute à la difficulté qu'éprouvaient les pourvoyeurs à faire un choix

---

(¹) 800 m, 1.100 m, 1.400 m, 1.700 m, 2.000 m, 2.200 m.
(²) Appelé parfois par erreur Desmaret ou Démaret. Il est également l'inventeur d'une fusée percutante. Voir *Mémorial de l'Artillerie*, t. 8, p. 349.
(³) Archives de l'Artillerie, 4-c-42.

entre les six évents pour déboucher l'évent indiqué. L'on se conformera donc aux conseils d'une sage pratique en réduisant le nombre des canaux à deux ou trois au plus.

. . . .

« Dans un système d'artillerie où tous les projectiles sont creux, la question des fusées acquiert une importance capitale. Tout en rendant pleine justice aux efforts éclairés de l'École de Pyrotechnie, l'on peut craindre que l'on n'arrive pas à résoudre le problème des fusées fusantes d'une manière complète. Pendant le siège de Sébastopol, l'on s'était souvent plaint de nos fusées ; néanmoins, des recherches faites après la prise de la place ont prouvé que, tout imparfaites qu'elles étaient, elles l'emportaient encore sur celles des Russes et sur celles des Anglais. Les fusées que l'on vante le plus à l'étranger ne vaudraient peut-être pas mieux que les nôtres dans la pratique de la guerre. Telle fusée qui donne d'excellents résultats dans un tir de polygone à la sortie du laboratoire, n'en fournit plus que de très anormaux lorsqu'elle a été soumise pendant quelque temps aux épreuves du transport, des variations de température et aux actions chimiques. »

Une Commission spéciale opérant à La Fère, sous la présidence du général d'Aboville, étudia minutieusement les causes des défectuosités dans le fonctionnement du matériel signalées par le général Le Bœuf et conclut que ces irrégularités étaient imputables, en grande partie, au personnel, lequel se trompait dans le débouchage des évents et manœuvrait avec trop de précipitation (par exemple les éclatements dans l'âme paraissaient être dus à l'introduction du projectile par la pointe) (¹).

Pour éviter le retour des erreurs de débouchage, on

(¹) Rapport du 31 janvier 1860 (Réponse à la note du général Le Bœuf). Archives de l'Artillerie, 4-c-42.

modifia la fusée et on la transforma en une *fusée à deux évents*. On voit donc que, si cette transformation fut faite « par mesure de simplification », comme on l'a écrit ironiquement, cette simplification avait été commandée par l'expérience de la guerre.

Toujours est-il que la fusée à deux évents était encore en service en 1870 pour l'armement de nos obus ordinaires.

« Tous les obus étaient fusants et n'avaient que deux points d'éclatement : à 1.500 m et à 2.900 m » (général Bonnal) (¹).

Ainsi présentée, la question est de nature à faire douter non seulement de la compétence, mais encore du bon sens de ceux qui avaient charge des destinées de notre artillerie.

D'abord la fusée de nos projectiles ordinaires était à deux *durées* (5ˢ 9 et 14ˢ 8) et non à deux *distances*. Les portées moyennes correspondantes étant de 1.400 à 1.600 m et de 2.700 à 2.900 m; et d'autre part, la profondeur de la gerbe d'éclatement étant de 400 m au moins, le projectile avait deux zones d'efficacité : l'une entre 1.400 et 2.000 m, l'autre entre 2.700 et 3.300 m environ.

De plus, dans un article récent (²), le général Herment a montré qu'on connaissait dès cette époque le moyen d'aviver cet espace mort compris entre 2.000 et 2.700 m : il suffisait de faire ricocher le projectile, ce qui diminuait nécessairement la vitesse et provoquait l'éclatement au cours des derniers bonds.

La commission de Châlons avait étudié à fond cette question (rapport du 20 septembre 1868) et déterminé des règles simples et pratiques : les premiers ricochets entre 200 et 1.000 m permettaient de battre le terrain entre 2.000 et 2.600 m.

_____

(¹) *La Manœuvre de Saint-Privat*, t. III, p. 470.
(²) *Revue d'Artillerie*, août 1912, t. **80**, p. 365.

Il faut reconnaître toutefois que le résultat de ces expériences, ignoré des corps de troupe, n'était pas entré dans la pratique du tir.

Pour battre l'espace en deçà de 1.400 m nous avions l'obus à balles, armé d'*une fusée à quatre durées* ([1]).

Fusées percutantes

Enfin nous possédions une fusée percutante : la *fusée Demarest*.

Cette fusée avait été adoptée au début de l'année 1859 et de nombreuses caisses en furent envoyées à l'armée d'Italie; mais elles arrivèrent trop tard ([2]) et, dans son rapport, le général Le Bœuf en exprimait tout son désappointement :

« **Les expériences qui se poursuivent aujourd'hui amèneront sans doute à améliorer les fusées fusantes, mais l'on peut avancer cependant qu'en campagne la fusée percutante est celle qui offre les plus grandes chances de donner des résultats réguliers, et l'on a regretté vivement qu'en Italie les premiers approvisionnements ne comprissent pas de fusées de cette espèce ; il eût été intéressant de les essayer dans le service de guerre.**

« **Ici deux objections s'élèvent.**

« **La fusée percutante adaptée d'avance au projectile, peut présenter des dangers dans les transports et, d'autre part, en la substituant, sur le champ de bataille même, à la fusée ordinaire, l'on s'expose à des accidents dont l'effet moral serait fâcheux, ou l'on doit se soumettre à des précautions difficiles à prendre sur le terrain.**

« **La seconde objection, plus sérieuse encore, consiste en ce que l'adoption d'une fusée percutante exclut le tir à ricochet**

([1]) Voir le tableau de la page 18.
([2]) *Mémorial d'Artillerie*, t. 8, p. 350.

rasant, tir de bataille si efficace et si rapide, quand le terrain permet de l'employer.

« **Le commandant Demarest a proposé une fusée percutante d'une fabrication facile et d'un mécanisme fort simple ; cette fusée, que son auteur perfectionne, a réussi dans les expériences de La Fère et de Vincennes. Elle pourrait rendre de grands services pour l'attaque et la défense des places, mais elle ne répond pas encore assez aux deux objections indiquées ci-dessus.** »

Après la guerre d'Italie, on introduisit un certain nombre de fusées Demarest dans les approvisionnements des batteries et elles rendirent de grands services pendant l'expédition du Mexique, notamment au siège de Puebla.

Toutefois, le Comité ne se déclarait pas très partisan de cette fusée. C'était, comme on sait, une fusée fonctionnant par refoulement : le choc à l'arrivée enfonçait un tampon de bois portant un rugueux, lequel mettait le feu à l'amorce.

On craignait, d'une part, que ce refoulement ne se produisît en cours de route, par suite des cahots et des chutes, et ne provoquât des explosions à l'intérieur des caissons; d'autre part, on appréhendait que le système ne fonctionnât pas dans le tir sur des terrains peu consistants et qu'on eût ainsi de nombreux ratés d'éclatement.

La première crainte était peu fondée; car aucun éclatement accidentel ne fut signalé au cours des marches longues et pénibles sur les sentiers rocailleux du Mexique. Néanmoins, par excès de prudence (le général Le Bœuf ne voulait pas d'histoires), il fut prescrit de transporter les fusées (seize par caisson) à part dans les coffres, et de n'en opérer le montage qu'au moment du besoin, sur le champ de bataille.

Le 13 août 1870, un ancien membre du Comité, le

général de Rocheboüet, qui commandait l'artillerie du 3ᵉ corps à l'armée du Rhin (¹), s'affranchit de cette sujétion et ordonna d'armer immédiatement avec cette fusée un certain nombre d'obus percutants (²).

Cet exemple fut suivi plus tard, en particulier aux armées de la Défense Nationale, et l'on s'en trouva bien : après Coulmiers et Pont-Noyelles, les Allemands s'imaginèrent que nous avions changé de matériel uniquement parce que nous avions remplacé nos fusées fusantes par des fusées percutantes.

Quant aux craintes concernant les ratés d'éclatement du projectile à l'arrivée, elles étaient moins chimériques. Mais il s'en fallait aussi que le fonctionnement des fusées allemandes fût parfait : dans les terres molles de la Lorraine par exemple, leurs obus faisaient fougasse ou n'éclataient pas. Les historiques français sont très catégoriques à ce sujet :

« **Les éclats ne faisaient aucun mal ; on n'avait à craindre que les coups de plein fouet** », écrit le capitaine Mignot, qui commandait une batterie du 11ᵉ régiment le 18 août (³).

(¹) Son autorité s'étendit par la suite aux 2ᵉ et 4ᵉ corps.

(²) Voir *Revue d'Artillerie*, août 1912, t. **80**, p. 376, et *Revue d'Histoire*, vol. 9, p. 667.

« Une des questions les plus importantes pour l'artillerie est de régler rapidement son tir sur le champ de bataille.

. . . .

« Le moyen le plus pratique consiste à régler le tir d'après l'observation des points de chute fournis par les premiers coups tirés. Or, au delà d'une certaine distance, il est quelquefois difficile d'observer les points de chute des projectiles ordinaires et il devient dès lors indispensable de recourir à l'emploi des fusées percutantes.

« Mais l'opération de dévisser une fusée fusante et de visser à sa place une fusée percutante présente des difficultés au moment de l'action, et il importe d'avoir quelques projectiles armés à l'avance de fusées percutantes. En conséquence, *on fera préparer à l'avance, dans chaque batterie, trois projectiles par pièce avec des fusées percutantes*, en leur assignant dans le coffre de l'avant-train une place bien déterminée et en prenant les dispositions qui paraîtront le plus efficaces pour éviter les accidents. » (Ordre du général de Rocheboüet.)

(³) Cités par le lieutenant-colonel Rouquerol, *L'Artillerie dans la bataille du 18 août, Paris,* Berger-Levrault, 1906, p. 25.

« Les obus, en éclatant, faisaient plus de bruit que de mal » (Historique du 17e régiment) (¹).

Les Allemands savaient d'ailleurs à quoi s'en tenir sur le fonctionnement de leurs fusées; néanmoins, ils avaient passé outre (²).

Mais nous, plus exigeants, nous avions voulu trouver mieux.

De 1860 à 1869 l'École de Pyrotechnie n'avait cessé d'expérimenter des fusées de toutes sortes (³).

Finalement, en décembre 1869, on avait adopté une fusée qui donnait toute satisfaction, la fusée *Maucourant*, fusée mixte, percutante ou fusante à volonté, et qui présentait sur tous les autres engins similaires de l'époque une supériorité considérable; malheureusement le temps manqua pour en doter les batteries.

Il en était donc des fusées comme des canons à fermeture de culasse : nous les possédions en puissance seulement pour ainsi dire. Et là nous touchons du doigt un point sensible de la mentalité de notre Artillerie.

S'il est un reproche à lui faire, ce n'est pas celui d'insouciance, mais plutôt celui d'excès de conscience, d'exagération dans la mise au point. Dans ses diverses recherches, elle ne se contentait pas de solutions moyennes, approchées : elle voulait la solution exacte, complète, absolue. Elle ne se serait pas accommodée, comme le firent nos voisins, de canons risquant d'éclater, de fermetures de culasse pouvant se coincer, de fusées fonctionnant mal, de fusils à mécanisme crachant (⁴).

(¹) Voir la note (³) de la page précédente.

(²) La fusée allemande pour obus était une fusée fonctionnant par inertie : une goupille, éjectée par la force centrifuge, rendait libre un percuteur, qui à l'arrivée venait frapper l'amorce. Mais le vissage de la fusée ne se faisait qu'au moment du tir (Voir *Revue d'Artillerie*, t. 1, p. 35).

(³) Voir dans le *Mémorial d'Artillerie* les nombreux systèmes expérimentés, t. 8, p. 328.

(⁴) Pour ne pas perdre de temps à chercher à éviter le crachement du fusil, les Prussiens l'avaient pour ainsi dire organisé systématiquement.

Cette minutie est-elle un mal? Est-elle un bien? C'est un mal si l'on songe au risque d'être surpris par les événements en flagrant délit d'expériences. C'est un bien si l'on considère l'avantage de ne pas être obligé de modifier sans cesse le matériel et de mettre ainsi les deniers publics à trop fréquente contribution ([1]).

([1]) Pendant la guerre de 1870, 211 pièces de campagne allemandes ont été mises hors de service par suite de dégradations provenant du tir : 184 temporairement, 27 définitivement, plusieurs bouches à feu après une centaine de coups seulement (Voir *Revue d'Artillerie*, t. 1, p. 499).

Le matériel d'artillerie de campagne allemand, déjà modifié en 1869, a été changé dès 1873, puis encore notablement modifié en 1888 (mod. 73/88), en 1891 (mod. 73/91), changé à nouveau en 1896 (matériel à tir accéléré), et enfin transformé en 1906 en matériel à tir rapide (mod. 96 *n*/A).

Le combat à longue distance

Et puis, à la quiétude relative de notre Artillerie en matière de fusée, il y avait une raison latente que l'on voit transparaître sous les textes et qu'elle n'a pas osé peut-être avouer ouvertement, tant les circonstances ont déjoué ses plans : *elle n'avait pas prévu le combat à longue distance.*

« **La hausse médiane donne des résultats aussi précis que la hausse latérale jusqu'à la limite de 1.600 m, c'est-à-dire aux véritables distances de combat.** » (Règlement du 17 avril 1869.)

« **Les canons rayés de campagne peuvent porter leur obus au delà de 3.000 m ; mais, entre 2.000 et 2.400 m, selon la nature du sol, les obus cessent de ricocher, s'enterrent et perdent ainsi la plus grande partie de leur efficacité. On doit donc, en principe général, sans renoncer à employer les grandes portées dans quelques occasions rares et exceptionnelles, s'abstenir d'ouvrir le feu à des distances supérieures à 2.000 m. Ce n'est, d'ailleurs, que jusqu'aux distances de 1.500 à 1.800 m au plus que les vues moyennes distinguent les objets assez nettement pour que le tir puisse être bien réglé.** » (Observations sur le service de l'artillerie en campagne, 1869, p. 18.)

Animée d'un puissant esprit d'offensive, notre artillerie n'avait pas prévu que le commandement, en imposant aux troupes la défensive passive, la riverait au terrain et l'exposerait ainsi, cible impuissante, aux coups lointains de l'ennemi. Elle n'ignorait pas que les canons allemands portaient plus loin que les siens. Mais elle comptait bien pousser en avant jusqu'aux distances où elle savait son tir efficace, aussi efficace que le tir de l'adversaire. Preuve en est que dans la deuxième partie de la campagne, quand elle a pu appliquer sa tactique offensive, elle ne s'est nullement sentie inférieure à l'artillerie ennemie.

Voici un extrait du rapport du chef d'escadron Poizat, qui commandait l'artillerie de la 3e division à Coulmiers ([1]) :

« En résumé, les opérations prescrites à la 3e division du 15e corps ont été exécutées avec un succès complet. L'artillerie de la division y a puissamment contribué avec le plus grand entrain. Elle a même fait plus que ce qui lui était demandé ; car, après l'enlèvement des deux positions de Baccon et de la Renardière, elle a contribué par le feu de la 18e batterie du 7e régiment à la prise du village de Coulmiers, prise qui était réservée au 16e corps.

« Le nombre des blessés a été peu considérable ; cela tient à ce que les batteries ont changé plusieurs fois de place en se portant en avant ; elles ont ainsi empêché l'ennemi de régler son tir. On peut encore ajouter que les obus ennemis s'enfonçant et faisant explosion dans un sol ramolli, ne soulevaient que de la terre et ne projetaient que peu d'éclats. Désormais, les fusées percutantes sont donc moins nécessaires qu'autrefois. Nos obus à fusées ordinaires éclataient bien, à bonne portée, et produisaient beaucoup d'effet. »

Notre artillerie était loin de se douter également qu'en deçà de cette crête ennemie, intangible pour ses projectiles, inaccessible pour son infanterie, et cela de par la volonté de notre commandement, le champ de bataille au début serait vide. Elle comptait bien, comme l'histoire le lui avait appris, comme elle l'avait toujours vu elle-même, que la poussée en avant des bataillons ferait surgir de nombreux objectifs. Car — et nous le montrerons plus loin — ce n'est pas à un duel d'artil-

---

([1]) Cité par le général DE BLOIS, *L'Artillerie du 15e corps pendant la Campagne de 1870-1871, Paris,* Dumaine, 1871, p. 63.

lerie, mais à l'appui immédiat de son infanterie qu'elle voulait se consacrer.

Elle espérait que, dans ce grouillement du champ de bataille, ses projectiles agissant soit de plein fouet, soit par ricochet, feraient de belles trouées. *L'éclatement, c'était par-dessus le marché.* Alors peu importait qu'il fût plus ou moins précis (¹).

Voilà pourquoi elle s'est contentée de deux durées, lesquelles ne correspondaient même pas aux distances qu'elle croyait être les distances ordinaires de combat. Voilà pourquoi elle s'est contentée également de quelques fusées percutantes, considérant leur emploi comme exceptionnel et susceptible d'empêcher le tir à ricochet.

Feuilletons ce rapport Zurlinden dont nous avons parlé dans un chapitre précédent, et qui va de plus en plus nous donner la clef de bien des mystères; nous serons édifiés :

« **Commençons par la fusée**, car, dans une artillerie où tous les projectiles sont creux, la question des fusées acquiert en effet une importance capitale.

« **L'expérience** de la guerre d'Italie a apporté des modifications importantes dans la confection de nos fusées fusantes; cependant, déjà pendant cette campagne, elles avaient donné, dans certains cas, des résultats satisfaisants.

« **D'après la note** du général Le Bœuf, « les officiers « qui ont battu le cimetière de Solférino rapportent que « les projectiles, après avoir traversé le mur du cimetière, « fusaient dans l'intérieur et contribuaient ainsi à démo- « raliser la défense. Lorsque, dans cette même journée, « l'artillerie de la Garde se présenta devant San Cassiano, « qui était la clef du quartier général autrichien, ce vil- « lage était fortement occupé, et l'on s'y préparait à une

---

(¹) « Il est toutefois un projectile pour lequel on doit pouvoir régler la distance d'éclatement avec plus de précision *parce que son effet dépend essentiellement du point où cet éclatement a lieu :* c'est l'obus à balles. » (JOUFFRET, *loc. cit.*, p. 20.)

« défense vigoureuse. La Garde ouvrit son feu à 500 m
« environ ; les obus traversaient les murs et allaient fuser
« et éclater dans l'intérieur des maisons ou des cours.
« Après une heure de feu, le village fut évacué et les
« tirailleurs algériens purent y entrer sans coup férir. »

« Actuellement, nos fusées fusantes sont dans de
bonnes conditions et très bien réglées, tant pour les obus
ordinaires que pour les obus à balles.

« Notre fusée percutante réglementaire est très satisfaisante pour les grandes distances, mais elle l'est moins
pour les petites. Elle sera probablement remplacée sous
peu par la fusée du commandant Maucourant, dont le tir
a donné jusqu'à présent de si bons résultats ; et bientôt
nous serons dans d'excellentes conditions au point de vue
des fusées tant fusantes que percutantes.

« La fusée percutante devra être employée toutes les
fois que le but sera circonscrit, bien déterminé : une
batterie d'artillerie, une ligne d'infanterie ou de cavalerie qu'on veut battre. Elle servira dans tous les cas où
il est relativement indifférent de toucher ce qui est par
derrière. Le tir direct de nos projectiles oblongs armés
de fusées percutantes, éclatant infailliblement au choc,
produira sans contredit plus d'effet matériel et moral
que le tir direct de l'artillerie lisse. Ces fusées, en indi-
quant exactement le point de chute, pourront aussi faciliter l'appréciation des distances.

« La fusée fusante sera utile lorsqu'on voudra faire un tir
indirect, un tir de profondeur, ou bien employer le tir à ricochets rasants ; lorsqu'on aura intérêt à battre non seulement le
point que l'on vise, mais encore des points situés en arrière :
une colonne très profonde, une série de lignes, lorsqu'on voudra
fouiller en quelque sorte le champ de bataille, etc.

« Le projectile agira d'abord par une série de bonds, puis, au
lieu de s'arrêter inutilement comme le boulet, il éclatera à des
distances qu'on peut faire varier suivant la profondeur du terrain à battre.

« **Notre artillerie n'est donc pas vouée exclusivement au tir direct, comme les artilleries à chargement par la culasse, qui n'ont jusqu'à présent que des fusées percutantes, et qui, en effet, ne peuvent employer le tir indirect qu'en sacrifiant l'explosion des projectiles. Elle ne repose pas essentiellement et uniquement sur une appréciation rigoureuse de distance, et elle n'est pas le moins du monde viciée à la base.** »

Est-il bien certain d'ailleurs qu'en ce qui concerne la distance de tir, les opinions allemandes avant la guerre fussent très différentes des nôtres? Et si nos adversaires les ont modifiées dès le début de la campagne, n'y ont-ils pas été incités par notre attitude défensive, si imprévue pour eux?

« **Les batteries divisionnaires de l'agresseur**, écrivait après la guerre de 1866 le colonel Taubert de l'artillerie prussienne ([1]), **ne peuvent fournir un feu efficace qu'à 2.500 pas (1.880 m) au plus de la position ; mais elles doivent chercher à se rapprocher le plus tôt possible des distances moyennes. Dans tous les cas, les masses d'artillerie doivent éviter avec grand soin de tirer à plus de 2.000 pas (1.500 m) de l'ennemi.** »

Voici l'opinion du prince de Hohenlohe exprimée peu de temps avant la guerre de 1870 ([2]):

« **Un combat d'artillerie, pour être décisif, ne doit pas avoir lieu à plus de 2.000 pas (1.500 m).**

« **Si l'on ouvre le feu contre de l'artillerie à plus de 2.500 pas (1.880 m), ce ne sera que dans le but d'occuper l'ennemi...**

« **Un feu d'artillerie à 5.000 pas (3.765 m) et au delà ne peut que gaspiller des munitions et ne doit être auto-**

([1]) *L'emploi du canon rayé sur le champ de bataille à l'usage des officiers de toutes les armes*, traduction du capitaine belge TIMMERHANS. *Paris*, Dumaine, 1871.

([2]) Dans une conférence faite le 18 mars 1869 aux officiers de la garnison de Berlin (Archives de l'Artillerie, 2-b-2 (c), p. 57); cité aussi par le général FAVÉ, *Études sur l'Artillerie*, vol. 6, p. 170.

risé que quand il s'agit de faire du bruit, par exemple inquiéter un village, un campement, servir de signal, etc. »

Le général n'avait évidemment pas encore songé aux beaux objectifs qu'allait lui offrir l'inertie du haut commandement français.

Dans la deuxième partie de la campagne d'ailleurs, quand ils eurent affaire à une artillerie dont l'ardeur offensive n'était plus bridée, les Allemands cessèrent leurs attaques à longue portée et furent obligés d'accepter le combat à courte distance, combat où ils n'eurent pas toujours l'avantage. Preuve en soit cet ordre du prince Frédéric-Charles en date du 10 décembre 1870 : « **Les combats des derniers jours et la tentative, sans cesse renouvelée, de l'ennemi, de se battre avec nous en rase campagne, avec une artillerie dont le nombre va croissant, me déterminent à inviter MM. les généraux à interdire les feux d'artillerie inutiles au delà de 2.000 pas** » ([1]).

([1]) Général Thoumas, *Transformations de l'armée française,* vol. 2, p. 145.

LE RÉGLAGE DU TIR

On a dit et écrit bien souvent que notre artillerie, avant 1870, ne s'était pas préoccupée du réglage du tir.

Que les corps de troupe ne s'y soient pas exercés, le fait malheureusement n'est que trop vrai. Mais qu'en haut lieu on n'y ait pas songé, cela n'est pas exact.

Le général Herment a rappelé récemment ([1]) qu'en 1869 on enseignait à l'École d'application de Metz, *d'après le programme fixé par le Comité de l'artillerie,* une méthode pour le réglage du tir ([2]), méthode, il est vrai, longue et compliquée, mais qui aurait été certainement simplifiée et rendue pratique si elle avait pu être mise à l'essai dans les régiments ([3]).

Pourquoi ne l'a-t-elle pas été? La raison est toujours la même : pas d'argent.

([1]) *Revue d'Artillerie,* t. **80**, août 1912, p. 369.

([2]) Voir *Cours d'Artillerie,* par le capitaine JOUFFRET, 3ᵉ partie, p. 135 : « On règle le tir d'après l'observation des premiers coups et par quelques tâtonnements; mais il importe que ces tâtonnements soient conduits avec méthode et qu'on ne fasse que des corrections opportunes... »

([3]) La méthode de tir employée alors en Prusse n'était pas non plus un modèle de simplicité. C'était un réglage coup par coup avec échelonnement des hausses. En voici l'exposé d'après le lieutenant-colonel Stoffel :

« Le commandant de batterie, dès qu'il arrive au polygone avec ses pièces, les met en batterie en un point que désigne l'officier supérieur, et il apprécie la distance qui le sépare des cibles. Je dirai de suite que chaque batterie possède une lorgnette réglementaire, qui a sa place déterminée dans un des coffres. Le commandant de batterie estime, je suppose, qu'il est placé à 1.500 m du but. Il ordonne alors, par un commandement spécial, usité dans ces exercices, de pointer la première pièce à 1.400 m, la deuxième à 1.500, la troisième à 1.600, la quatrième à 1.700 (on sait qu'une batterie prussienne n'a que quatre pièces en temps de paix); puis il fait tirer la première pièce. De trois choses l'une : ou le coup est long, ou il est court, ou il frappe la cible. Dans le premier cas, le capitaine doit en conclure, grâce à la justesse des pièces prussiennes, que la cible est à moins de 1.400 m, et de suite il fait rectifier le pointage des trois autres pièces, selon la distance où le projectile a frappé au delà du but : on pointera, par exemple, la deuxième pièce à 1.300 m; la troisième pièce à 1.200, et la quatrième pièce à 1.100. La deuxième pièce tire à son tour, et s'il arrive encore que le coup soit trop long, le capitaine fait rectifier le pointage

Pas d'argent pour organiser des champs de tir : il y en avait six pour toute la France et encore ils avaient à peine 2 km de long (Colonel Langlois) [1].

Pas d'argent pour payer les indemnités en cas de dégâts : deux accidents survenus l'un au polygone de Chambières, l'autre à celui de Vincennes, firent brusquement interdire la continuation des tirs de guerre. (Général Herment) [2].

Pas d'argent même pour dépenser des munitions : chaque batterie n'avait, comme allocation de tir annuelle, que douze obus à balles, sauf celles des régiments privilégiés à proximité des six champs de tir, lesquelles recevaient une allocation supplémentaire de six obus ordinaires. (Colonel Langlois) [1].

Certes, un Hindersin eût passé outre [3]. Et, en réa-

---

des deux dernières pièces en conséquence, et ainsi de suite, jusqu'à ce qu'un coup atteigne le but.

« Dans le cas où le coup tiré par la première pièce aurait été court, le commandant de batterie en conclurait que la cible est à plus de 1.400 m, et de suite il ferait rectifier le pointage des autres pièces, par exemple à 1.500, 1.600 et 1.700 m. Puis il ferait tirer la deuxième pièce, et ainsi de suite.

« Si le coup de la première pièce, pointée à 1.400 m, comme j'ai supposé, atteint la cible, c'est que la distance a été d'emblée appréciée exactement. Dans ce cas, les trois autres pièces ne tirent pas : elles restent chargées; les avant-trains sont amenés et la batterie se porte au trot, soit en arrière, soit en avant, à un emplacement que désigne l'officier supérieur. Là, les pièces sont mises en batterie, et pour que le capitaine commandant se trouve placé dans des circonstances toutes nouvelles, quant aux distances, il a l'ordre de tirer sur d'autres cibles, dont il ignore l'éloignement par rapport aux premières. Il procède alors comme j'ai expliqué plus haut, s'efforçant d'apprécier les distances à la lorgnette et de rectifier le pointage après chaque coup tiré, jusqu'à ce qu'il y en ait un qui frappe le but.

« La condition à laquelle on tient, c'est qu'aussitôt ce résultat obtenu, les autres pièces, quoique chargées, ne tirent pas à cette distance. On n'y verrait aucun profit pour l'instruction, et on préfère réserver les coups de ces pièces pour exercer les officiers et les canonniers à les tirer à d'autres distances. » (*Rapports militaires écrits de Berlin*, par le lieutenant-colonel baron STOFFEL. *Paris*, Garnier frères, 1871, p. 340).

[1] *L'Artillerie de campagne en liaison avec les autres armes*, t. I, p. 334.

[2] *Revue d'Artillerie*, t. **80**, p. 375.

[3] Le général de Hindersin, du jour où il entra en fonctions comme inspecteur général de l'artillerie prussienne, prit l'habitude de terminer chacune de ses conversations avec le Ministre ou le Roi par la phrase suivante

lité, les officiers de cette trempe ne manquaient pas dans notre armée. Mais les hommes de caractère n'ont généralement pas souple caractère et, à son déclin, le régime impérial, comme tous les régimes fatigués, n'amenait guère au sommet que ceux dont l'optimisme complaisant berçait l'indolence du souverain et détournait ses pensées des inquiétantes réalités.

« **Le Chef de l'État,** écrivait le 6 janvier 1869 le général Treüille de Beaulieu au commandant de Montluisant, n'a plus autour de lui que des flatteurs qui, au lieu de chercher dans leur conscience ce qu'ils doivent répondre à l'Empereur, cherchent à lire dans ses yeux ce qu'il désire et non ce qu'il faut faire... **Nous avons l'air d'être à la paix... Cela durera-t-il longtemps? On devrait graisser ses bottes dès aujourd'hui, se préparer, tout prévoir... L'art de la guerre n'a rien de vague ; tout y est, au contraire, de science et de prévision... Avons-nous comme nos voisins des masses prêtes?... Pouvons-nous les transporter, les employer sur un point voulu?... La supériorité numérique de nos adversaires, si elle est de trois ou de quatre contre un, forcera le plus vaillant à céder, etc...** » ([1]).

---

en guise de *delenda Carthago :* « Il me faut une école de tir. » (HOHENLOHE, *Lettres sur l'Artillerie,* p. 248.) On sait qu'il finit par obtenir gain de cause et qu'il commença par monter son école de tir aux frais des officiers.

[1] *Notice biographique sur le général Treüille de Beaulieu,* par le général DE MONTLUISANT, p. 72.

Le tir à courte distance

Mais, à vrai dire, si l'artillerie n'avait pas lutté avec plus de persistance pour exercer les troupes à des méthodes de réglage du tir, c'est qu'elle ne considérait pas ces méthodes comme indispensables, et cela en raison de son opinion préconçue en faveur du combat à courte distance. Ne concevant la manœuvre du champ de bataille que comme une formidable poussée en avant, elle croyait qu'elle pourrait toujours porter ses canons aux distances où la précision du tir — de même que celle des fusées — n'avait qu'une importance secondaire. Alors « on tire droit devant soi et l'on touche toujours quelque chose », comme l'entendait répéter le lieutenant Langlois à son arrivée au régiment (¹).

On a dit, en matière de plaisanterie, qu'à cette époque, quand le coup était court, on faisait à bras en avant. Non ! mais on portait la batterie en avant, ou du moins on pensait pouvoir la porter en avant, et le fait est que lorsqu'elle a pu s'avancer, lorsqu'a cessé la paralysie à laquelle l'avait condamnée la défensive passive, notre artillerie a su rendre à l'ennemi coup pour coup.

Au début des opérations de l'armée de la Loire, le général de Blois, commandant l'artillerie du 15e corps, donnait à ses officiers les instructions suivantes :

« Puisque vous n'avez que du calibre de 4, il faut vous y résigner et tâcher, en bons artilleurs, d'en tirer tout le parti possible. Voici, sur cette bouche à feu et sur ses projectiles, l'opinion de camarades qui ont pris part aux premières opérations de la guerre :

« La portée absolue du canon de 4 est incontestable-

(¹) *L'Artillerie de campagne en liaison avec les autres armes*, Colonel LANGLOIS, t. I, p. 333.

ment plus faible que celle du canon de 6 (canon allemand). Admettons que cette différence soit de **700 à 800 mètres**. Il y aura sur le champ de bataille une certaine surface dans l'étendue de laquelle la batterie de 4 recevra des projectiles de 6 sans pouvoir envoyer les siens à l'ennemi, à cause de la différence des portées.

« Eh bien ! toutes les fois que vos batteries se trouveront dans cette position, le bon sens dit qu'il n'y a qu'un seul parti à prendre : c'est de quitter au plus vite cet emplacement désavantageux pour vous porter en avant, à une distance telle de l'ennemi, que vos projectiles puissent l'atteindre. Légèreté et rapidité de tir, tels sont les avantages du 4 sur le 6 ; sachez en profiter.

« Ceux de nos officiers qui ont été témoins de pareils faits, affirment que l'artillerie prussienne a rarement résisté à cet acte de bravoure qui déjoue tous ses calculs de distance : elle se retire presque toujours.

« Les fusées des obus prussiens éclatent en frappant le sol, et leurs effets ne se font sentir qu'à une distance assez faible [1] ; tandis que nos fusées fusantes, si l'on n'en débouche pas les évents correspondant aux petites distances (ce qu'il faut généralement éviter), agissent comme projectiles pleins aux premiers points de chute, et, tant qu'ils n'ont pas éclaté, inquiètent l'ennemi, même au delà de ses lignes. Cette disposition assure une supériorité marquée aux projectiles français » [2].

Rappelons-nous d'ailleurs ce qu'écrivait le commandant Poizat, après la bataille de Coulmiers : « Les batteries ont changé plusieurs fois de place ; elles ont ainsi empêché l'ennemi de régler son tir » [3].

Citons aussi l'extrait suivant du rapport du capitaine

---

[1] « Si cette lettre eût été écrite quelques semaines plus tard, on eût pu ajouter que les fusées percutantes prussiennes éclataient rarement dans la terre molle et détrempée. » (*Note du général de Blois.*)

[2] Général DE BLOIS, *loc. cit.*, p. 15.

[3] Voir plus haut, p. 58.

Legras, qui commandait la 18e batterie du 15e régiment à la même bataille :

« La 18e du 15e tira dix coups par pièce sur le village de Baccon, avant son enlèvement par nos troupes. Elle s'avança par la droite sur la Renardière, et tira quarante coups par pièce sur la batterie qui défendait cette position, puis dix coups par pièce après s'être avancée à deux cents mètres. Le feu de cette batterie ayant cessé, la 1re section de la batterie tira deux salves sur le village pour en déloger l'ennemi. Ce feu simultané avec celui de la 18e batterie du 10e permit à nos troupes d'enlever le village, dont les murs étaient crénelés et garnis de feux » (1).

Et même, dans la première partie de la campagne, malgré le manque de méthode de réglage, quand nos batteries eurent à contrebattre des batteries allemandes en deçà de 2.000 m et qu'elles ne furent pas trop inférieures en nombre, elles n'eurent nullement le désavantage. Il en fut ainsi, par exemple, le 14 août, à Borny, où les distances varièrent de 600 à 2.000 m (2).

Il en fut de même à Rezonville, à Saint-Privat, à Sedan, quand les batteries ennemies se rapprochèrent des nôtres.

Le récit des écrivains allemands en témoigne suffisamment :

« Au début de la bataille du 16 août, une batterie, située au sud-est de Flavigny, subit des pertes sensibles

---

(1) Général DE BLOIS, loc. cit., p. 61.

(2) « Toute l'armée française, officiers et soldats, avait le sentiment intime et profond de la victoire, les troupes du 4e corps principalement.

« L'artillerie française pouvait se glorifier de ce succès auquel elle avait largement contribué. Son tir contre l'infanterie allemande avait été très efficace. Elle avait soutenu avec succès une lutte opiniâtre contre une artillerie parfois en nombre supérieur, pourvue d'un matériel plus puissant. » (Général ERB, L'Artillerie dans les batailles de Metz, p. 101.) Et notons que, dans ce livre, le général est plutôt sévère pour son arme.

par le feu de l'artillerie ennemie et surtout des mitrailleuses ; les sept batteries (42 pièces), réunies plus tard à
l'aile droite, se trouvaient dans une situation très pénible;
sans parler du feu des mitrailleuses et de la mousqueterie,
ces batteries eurent beaucoup à souffrir des obus lancés par
l'artillerie ennemie... Le feu des batteries françaises causa
de grandes pertes à l'artillerie du X° corps. Les batteries
prussiennes, établies pour tirer contre la division de
Cissey, souffrirent beaucoup de la mousqueterie, mais
l'artillerie leur occasionna aussi de grandes pertes, etc. » (¹)
(major Hoffbauer).

« Dans la bataille du 18, ajoute plus loin le même officier, l'artillerie prussienne, opposée aux batteries françaises de Montigny-la-Grange, eut beaucoup à souffrir
des obus et shrapnels, du feu des mitrailleuses et de la
mousqueterie » (¹).

« Il est incontestable, écrit le prince de Hohenlohe,
que nos pièces tiraient mieux que les canons français
jusqu'au moment où, ayant perdu les pièces ancien modèle (système Lahitte), les Français se mirent à fabriquer
leurs canons de 7, d'une construction toute nouvelle.
Mais dès le commencement, ils s'entendaient fort bien à
tirer bon parti de leurs masses d'artillerie ; très souvent
la quantité énorme des projectiles parvenait à compenser
chez eux ce qui leur manquait sous le rapport de l'exactitude du tir, si bien que celui-ci n'en avait pas moins
une efficacité très grande.

« Pendant que nous nous portions en avant à Saint-
Privat, pendant que nous entretenions ensuite la lutte
contre l'artillerie ennemie postée sur la hauteur de
Saint-Privat, mes batteries eurent à souffrir beaucoup des
obus ennemis, quoiqu'il faille attribuer la plus grande
partie des pertes si considérables qu'elles eurent à subir

(¹) *Les Opérations de l'artillerie allemande dans les batailles livrées aux
environs de Metz,* par le major allemand HOFFBAUER, professeur aux
écoles de l'artillerie et du génie. Traduction Bodenhorst, *Bruxelles,*
Landsberger. 2° partie, *passim.*

au feu du chassepot. Je voyais sauter des caissons, j'apercevais bien des pièces qui, comme nous disions, en avaient dans l'aile, c'est-à-dire qui gisaient là misérablement à terre avec une roue cassée » [1].

D'ailleurs, nous avons vu, dans un précédent chapitre, que les résultats de l'enquête faite sur notre matériel de guerre pendant la guerre de 1870 sont plutôt favorables pour les petites et moyennes distances.

Nos adversaires, en ce qui concerne le réglage du tir par le rapprochement des batteries, ne professaient pas des théories très différentes des nôtres :

« Si le calibre employé par l'ennemi est supérieur à celui de la batterie assaillante, celle-ci doit se rapprocher le plus possible tout en restant en dehors de la portée de mitraille.

« Pendant la bataille de Königgrætz, la 2ᵉ batterie de la Garde prussienne fut dirigée sur une position d'où elle devait canonner l'artillerie ennemie, placée sur les hauteurs de Nedeliz-Chlum, qui compta jusqu'à 48 bouches à feu.

« L'emplacement le plus favorable à la batterie était un plateau peu élevé ; le capitaine commandant s'aperçut facilement que les Autrichiens connaissaient la distance précise qui les séparait du plateau, car il tombait peu d'obus fichants autour de lui. Il fit avancer sa batterie d'environ 300 pas et traversa très heureusement l'espace dangereux, car il n'y perdit qu'un homme et un cheval. Tous les projectiles passèrent au-dessus de la nouvelle position et n'atteignirent personne » [2].

---

[1] HOHENLOHE, *Lettres sur l'Artillerie* (p. 109).
[2] TAUBERT, *loc. cit.*, p. 31.

Le tir roulant

Sait-on d'ailleurs que, peu de temps avant la guerre, nombre d'artilleurs, dans les deux camps, étaient encore partisans du canon lisse et déploraient la disparition du fameux *tir roulant,* possible seulement avec le boulet rond?

Dans une note adressée, le 28 avril 1868, au général de Rocheboüet, le général Barral demandait le maintien, dans les équipages de campagne, d'une certaine proportion de canons-obusiers lisses :

« Une des conséquences de ce grave défaut de la course des projectiles oblongs, après le premier point de chute, c'est (quoiqu'on ait prétendu le contraire) de rendre impossible le *tir roulant,* si puissant et si efficace avec le canon obusier.

« Enfin, un plus grave défaut, que rien ne saurait atténuer, et qui est reconnu de tous dans le canon rayé, c'est son manque de puissance dans le tir à mitraille. Or l'étude des guerres de l'Empire, aussi bien que celle des guerres modernes, établit avec évidence que les plus grandes actions à la guerre, les plus grands résultats ont été obtenus, de même que les plus grands désastres ont été arrêtés ou sauvés par un puissant tir à mitraille.

« Voyons maintenant si l'emploi judicieux du canon-obusier, dans les circonstances et dans les conditions favorables, peut suppléer, ou remédier à ces défauts du canon rayé. D'abord indépendamment de sa très grande supériorité comme puissance de mitraille, le canon-obusier, dans les bonnes limites de sa portée (c'est-à-dire depuis la distance de mitraille jusqu'à près de 1.200 m), donne un tir à boulet plein, ou à obus, suivant le projectile dont on a besoin, dont la justesse comme écart latéral est peu inférieure à celle du canon rayé et dans tous les cas suffisante, par suite de la largeur des buts à combattre ; mais, et c'est là un énorme avantage, son projectile sphérique fournit une course totale très efficace, et très meurtrière pendant toute la durée de son parcours, en raison de la nature rasante de cette course après le premier point de chute, et de la direction générale de ses ricochets, qui se relèvent très peu au-dessus du sol, et se maintiennent habituellement dans la direction primitive du tir.

. . . .

« Les boulets pleins roulants, d'une ou de plusieurs batteries de canons obusiers, lancés sur la tête d'une colonne d'attaque, laboureront cette colonne jusqu'à la queue, arrêteront son impulsion ; ils ne tarderont pas à la faire flotter, à la désorganiser ; à ce moment, quelques éclats d'obus roulants arrivant dans ce désordre, les rangs tourbillonneront ; mais cette troupe en désarroi est à une distance rapprochée, on se lance à la charge au milieu de cette troupe confuse, et là on recueille un grand succès sinon le gain d'une bataille » ([1]).

Le *tir roulant* (devenu avec l'obus oblong le tir à ricochet) était encore si fort en honneur qu'on en enseignait les règles à l'École d'application en 1869 : « C'est en faisant varier l'angle (de tir) qu'on obtient la trajectoire correspondante à une distance donnée du but. Si cet angle est nul, en sorte que l'axe de la pièce soit horizontal, ou mieux parallèle au terrain, on a le *tir roulant* qui s'emploie lorsqu'on veut utiliser les bonds successifs du projectile sans avoir un but à battre bien défini » ([2]).

Et pour exécuter le tir parallèle au sol avec la charge normale, en se servant de la ligne de mire médiane naturelle, on donnait les règles suivantes : pointer en avant de la pièce à 50 m pour le 4 rayé de montagne,

---

([1]) Archives de l'Artillerie, 2-b-2 (c).
([2]) JOUFFRET, *Cours d'Artillerie* (1869), 3ᵉ partie, p. 2.

à 60 m pour le 4 rayé de campagne, à 85 m pour le 12 rayé de campagne ([1]).

La France, d'ailleurs, n'avait pas le monopole de ces tendances conservatrices et, à l'étranger, l'emploi de l'artillerie lisse et du tir roulant avait encore d'ardents défenseurs.

C'est à leur influence que le prince de Hohenlohe attribue le maintien d'un certain nombre de pièces lisses dans les équipages prussiens en 1866 :

« Beaucoup d'hommes très autorisés croyaient toujours ne pas pouvoir se passer du canon à âme lisse pour le combat de près, à cause du feu de mitraille et du tir de shrapnels, qui étaient meilleurs avec cette pièce. Or, ils virent leur opinion confirmée par les mesures que prit la seule puissance qui eût, pendant la durée d'une guerre des plus considérables, renouvelé son matériel.

« En effet, les États-Unis d'Amérique s'étaient vus obligés, au cours de la guerre de Sécession, de renouveler, à trois reprises et cela presque totalement, leur matériel d'artillerie ; et, lors du troisième renouvellement, ils s'étaient crus tenus de faire fabriquer au moins un quart de pièces courtes de 12 à âme lisse contre trois quarts de pièces rayées. C'était là la même proportion qui régnait chez nous en 1866 » ([2]).

L'officier allemand qui se cachait sous le pseudonyme d'*Arkolay*, dans la brochure dont nous avons parlé précédemment (p. 13), résumait sa pensée en disant : « Le canon lisse est *une arme* ; le canon rayé *un instrument*. »

Il constatait que les pertes sur le champ de bataille, qui avaient toujours augmenté à mesure que l'artillerie progressait, s'étaient mises soudain à diminuer. Pour-

---

[1] JOUFFRET, *Cours d'Artillerie* (1869), 3ᵉ partie, p. 2.
[2] *Lettres sur l'Artillerie*, p. 54.

quoi? Parce que l'artillerie avait rétrogradé, parce que
« le roi du champ de bataille, le boulet, n'était plus là. »

«..L'artillerie, ajoutait-il, a complètement déchu. Si
elle veut reprendre sa position comme arme principale,
il faut absolument que, sans se préoccuper de la puissance
des feux d'infanterie qu'on a exagérée et qu'elle para-
lysera toujours avec une bonne mitraille, elle revienne
carrément au combat aux petites distances... et qu'elle
reprenne l'artillerie lisse...

« ...Les mathématiciens n'ont jamais servi à rien. Ils ne
sont jamais venus qu'après coup mettre en formules les
résultats de l'expérience. Ils sont tombés avec enthou-
siasme sur les canons rayés, dont la trajectoire régulière
et précise se prêtait mieux à leurs formules compliquées.
Quant au tir de guerre, aux résultats sur le champ de
bataille, ils ne s'en sont pas inquiétés.

« On s'est occupé exclusivement de la portée, sans
songer qu'elle est bien moins importante que la tension
de la trajectoire et la longueur des zones dangereuses.

« Aux grandes distances, la trajectoire des canons
rayés est très courbe, leurs projectiles s'élèvent à des
hauteurs prodigieuses, et, en vérité, leur tir est plutôt
humoristique que dangereux.

« Ces tendances de l'artillerie sont déplorables ; un
général qui saura les mépriser, qui, forçant son artillerie à abandonner le combat de loin, la reliera intimement aux autres armes et lui fera appuyer l'infanterie
dans l'attaque comme dans la retraite, aura de grandes
chances de succès. »

L'officier conclut en disant que les canons rayés auront rapidement fait leur temps, car ils ne constituent
pas une **artillerie de campagne** mais bien une **artillerie
de cabinet** ([1]).

Quelque temps après l'apparition de la brochure

([1]) Archives de l'Artillerie, 2-b-2 (c).

d'Arkolay, un officier prussien venait à la rescousse en publiant une étude intitulée : « *Pro Arkolay* » et y faisait un éloge dithyrambique de l'artillerie lisse, du combat à courte distance et du tir roulant :

« Une batterie lisse procède tout autrement; les pièces tirent et... tirent sans s'inquiéter qu'elles touchent ou qu'elles ne touchent pas; mais un boulet est capable, à 400 pas, de transpercer 48 hommes ([1]) en file, et de continuer ensuite à ricocher, à rouler. S'il ne touche pas avec précision, son tir, cependant, rend tout le champ de bataille dangereux. Tandis que, on le répète, le tir du canon rayé ménage le champ de bataille.

« Or, c'est une erreur que de croire qu'il soit bien facile aux pièces rayées de rectifier, en la compensant, une erreur dans l'estimation de la distance.

« Même pour les pièces lisses, les distances déterminées avec précision sont avantageuses, mais ne sont pour elles que ce qu'une bonne paire de bottes est pour le voyageur. Pour les pièces rayées, elles sont indispensables; elles sont, pour ces dernières, ce que l'air est pour la respiration des créatures vivantes.

. . . .

« Le combat de loin (à grande portée) manque de sens et ne peut se justifier.

. . . .

« L'effet des feux des pièces lisses croît constamment, dans une progression inégale, comme les distances diminuent. Ce qui n'est pas le cas des pièces rayées; il s'en trouve même parmi celles-ci qui faiblissent assez exactement au fur et à mesure que l'ennemi approche de leurs bouches. » (Cette dernière partie est une allusion à Sadowa.)

Voici, d'après cette brochure, l'image d'un champ de bataille où toute l'artillerie de campagne serait rayée :

« Une haute montagne; tout au fond de l'arrière-plan

---

[1] « Expériences faites à Turin. » (*Note de l'auteur.*)

du tableau, en face, s'il est possible à 5.000 pas, et si le terrain le permet, une autre montagne, encore plus élevée ; entre les deux la représentation d'une bataille quelconque dont nous ne nous soucions point, puisqu'il n'y a point d'artillerie ; mais sur les montagnes se trouve, tout à fait isolément, çà et là, une batterie rayée, laquelle ne tire que des obus qui n'éclatent point, qui ne ricochent pas à travers l'espace et qui vont tomber exactement au point visé, ou, du moins, à un cheveu près à 50 pas trop court, parce que le chef de batterie avait fait erreur de pareille quantité dans son estimation de la distance. »

Ensuite, pour prouver que les pièces rayées ménagent le champ de bataille, l'auteur imagine treize batteries rayées dont les chefs seraient convenus d'avance de ne tirer tous que sur un seul et même point, et qu'un ennemi rusé aurait peut-être lui-même amorcées en déployant, par exemple, une pièce d'étoffe blanche.

« Vous connaissez la justesse de leur tir ? Aussi figurez-vous ce qu'il adviendra à cette pièce d'étoffe ; à moins que, par circonstance, les treize chefs de batterie n'aient tous estimé la distance trop courte de 50 pas.

« Maintenant, figurez-vous autant de pièces lisses ! Ah ! Ah ! ça se précipite ! ça siffle ! Probablement pas un boulet n'atteint le but visé ; mais depuis 500 pas trop court jusqu'à 500 pas trop long, il y a lieu d'admettre la possibilité de toucher chaque point, et gare ensuite à la zone qui s'étend au delà ! Pourrait-on nier que là, sur les derrières, il n'y ait pas toujours des hommes, des animaux, du matériel, qui puissent se rencontrer avec nos ricochets ? Aussi est-ce à juste titre que l'on peut appeler cela : *rendre le champ de bataille tout entier dangereux, tandis que les pièces rayées ménagent le champ de bataille* » (¹).

(¹) Archives de l'Artillerie, 8-a-3.

On voit ainsi combien, dans la période qui précéda la guerre de 1870, était encore tenace l'emprise de l'ancienne artillerie, et notre stagnation technique alors, qu'il s'agisse du canon, des fusées ou du réglage du tir, n'est imputable ni à l'insouciance ni à l'ignorance professionnelle, mais surtout à une fausse conception des nécessités tactiques.

LA TACTIQUE

Notre artillerie avait-elle une tactique en 1870?

A voir nos batteries virevolter sur le champ de bataille, lancer précipitamment — souvent en plein ciel — le feu d'artifices de leurs projectiles, puis se retirer, revenir et repartir encore au galop, constituant cet « échafaudage mobile » dont parle le grand État-major allemand ([1]), le doute est permis.

Et pourtant, il y avait des principes directeurs, qui, malheureusement, ne purent guère souvent être mis en pratique, mais qu'il serait injuste de nier.

Le « Particularisme »

Et tout d'abord il semble qu'il serait temps de faire justice d'une légende qui, depuis, a fait son chemin : le « particularisme de l'artillerie » ([2]).

Que dans la vie de garnison, dans les parlotes de cercle et de café, un esprit d'arme un peu trop marqué se soit alors parfois bruyamment manifesté : possible.

Mais quand il s'agit du temps de guerre, où trouve-t-on tant de traces de cette mentalité étroite?

Est-ce dans les règlements?

Consultons-les :

« Les trois armes doivent se prêter constamment un mutuel appui. Les circonstances déterminent celle d'entre elles qui est appelée à jouer, à un moment donné, le rôle principal ; mais leurs mouvements n'en sont pas moins intimement liés les uns aux autres. Il est par conséquent d'une très grande importance pour les officiers

---

([1]) *Historique de la Guerre de 1870-1871,* p. 880.

([2]) Pareille accusation a été d'ailleurs également portée contre la cavalerie, même après les charges de Morsbronn, d'Elsasshausen et du Calvaire d'Illy.

d'artillerie, de bien connaître les manœuvres de l'infanterie et de la cavalerie.

. . . .

« L'artillerie divisionnaire est active depuis le premier moment du combat jusqu'au dernier, et ses efforts doivent être dirigés de préférence contre les troupes et non contre les batteries opposées.

. . . .

« Les batteries divisionnaires n'ont pas d'autre tactique que de suivre et d'appuyer avec discernement les mouvements de l'infanterie et de la cavalerie.

. . . .

« Les officiers commandant les divisions, batteries ou sections d'artillerie doivent se tenir en relations continuelles et régulières avec les officiers généraux ou supérieurs d'infanterie ou de cavalerie sous les ordres desquels ils se trouvent placés, pour être informés à propos des mouvements.

. . . .

« *Combat et batailles.* — L'objet essentiel de l'artillerie n'est pas le plus souvent d'éteindre le feu des pièces de l'ennemi ; il vaut mieux écraser ses troupes, arrêter ses attaques ou seconder celles qui sont dirigées contre lui... » (*Règlement du 17 avril 1869 pour le service des bouches à feu,* pages 307 et suivantes) [1].

« Nous avons dit qu'il devait être laissé à l'artillerie une certaine indépendance dans le choix de ses positions et dans ses mouvements sur le champ de bataille. Cette indépendance relative, quelque limitée qu'elle soit, impose aux officiers d'artillerie le devoir d'étudier la tactique des deux autres armes, dans les détails mêmes de son mécanisme.

« Un officier d'artillerie, quelque instruit et quelque expérimenté qu'il soit dans les branches si variées de

---

[1] Ces prescriptions du Règlement n'étaient d'ailleurs que la reproduction de celles de l'*Aide-Mémoire de campagne.*

son service spécial, est incomplet s'il ne connaît la tactique des autres armes. Déjà, le service et les exercices des régiments d'artillerie familiarisent les officiers de cette arme avec les manœuvres et les évolutions de la cavalerie ; en outre, des conférences annuelles ont lieu dans l'artillerie sur l'école de bataillon et sur les évolutions de l'infanterie. Mais l'adoption des armes se chargeant par la culasse a eu pour conséquence des modifications importantes dans les règlements sur les manœuvres de l'infanterie et entraînera, dans la tactique de cette arme comme dans celle de la cavalerie, des changements qui doivent être un nouveau sujet d'études et de réflexions pour les officiers d'artillerie, appelés, dans les guerres futures, à jouer un rôle encore plus important que par le passé.

« D'autre part, le concours des trois armes pour arriver au but commun devra être plus intime que jamais. Il est donc nécessaire que les officiers d'infanterie et de cavalerie soient initiés aux principes généraux qui règlent l'emploi de l'artillerie en campagne, sans qu'ils aient cependant à entrer dans les détails techniques qui surchargeraient inutilement leur mémoire. » (*Observations sur le Service de l'Artillerie de campagne*. Conclusions. Pages 66 et suivantes).

Les idées particularistes régnaient-elles dans l'esprit des chefs?

Feuilletons les mémoires de l'époque :

« C'est dans l'offensive surtout que l'infanterie et l'artillerie doivent combiner leurs efforts, se comprendre et se prêter un mutuel appui. Chacune d'elles doit se rendre un compte exact de ce que peut faire l'autre, de ce dont elle a besoin. Prêtes à se sacrifier l'une pour l'autre, convaincues que le succès ne peut résulter que de la communauté de leurs efforts, elles doivent de plus se rendre compte avec intelligence de la limite des efforts

qu'elles ont à faire pour rendre la tâche de l'autre plus
facile ou même possible. Comme l'expérience du passé
nous conduit à reconnaître que les actions offensives
sont principalement d'accord avec notre caractère national, il résulterait des considérations précédentes la
nécessité d'augmenter encore, par tous les moyens possibles,
le nombre des points de contact entre les différentes armes,
tant dans le commerce ordinaire de la vie que dans les exercices
militaires. » (Rapport de la Commission de l'École d'Artillerie de Metz sur le *Rôle de l'Artillerie en campagne*,
mai 1870) ([1]).

« Dans tous les champs de bataille de nos dernières
guerres, nos batteries ne se sont pas contentées d'engager
l'action très loin ; elles ont toujours paru au premier
rang dans toutes les périodes du combat, appuyant les
troupes, préparant l'attaque, soutenant la retraite...

« L'étude sur la tactique confirme notre opinion de
l'importance du rôle de l'artillerie et de son action com-
binée avec l'infanterie. La victoire appartiendra dorénavant
à celui qui saura le mieux préparer par l'artillerie l'attaque
de l'infanterie.

. . . .

« Les nouvelles armes n'ont fait qu'augmenter la nécessité
de la direction d'ensemble et de l'unité d'action...

« Les officiers d'artillerie de tous grades, ayant très
souvent l'occasion d'agir isolément, ont besoin d'une
grande instruction tactique, d'une grande vigueur, d'une
grande initiative ; mais leur premier besoin est de concourir à l'unité d'action, plus nécessaire que jamais sur
le champ de bataille. » [Rapport Zurlinden, *passim* ([2])].

Cette volonté d'agir en union intime avec l'infanterie
n'était-elle pas d'ailleurs dans les traditions de notre
arme, ainsi que le rappelait le capitaine Zurlinden ?

---

[1] Archives de l'Artillerie, 2-b-2-c., p. 11.
[2] Rappelons que le rapport Zurlinden avait été désigné par le Comité
de l'Artillerie pour être inséré au *Mémorial*.

Ne s'était-elle pas maintes fois manifestée avec éclat, notamment à Inkermann, à Traktir ([1]), à Magenta, à Solférino?

S'était-elle subitement évanouie en 1870?

Mais notre artillerie, nous l'avons vu, n'avait qu'une idée : marcher côte à côte avec l'infanterie, la protégeant « comme des bastions protègent une courtine », suivant les termes mêmes du Règlement ([2]).

Si ce rôle, elle n'a pu le remplir en raison de l'attitude défensive imposée à nos troupes, du moins chaque fois que, de notre côté, une contre-attaque s'est produite, les batteries disponibles qui se tenaient dans le voisinage n'ont pas hésité à l'appuyer, instinctivement, pour ainsi dire, avec les quelques rares projectiles qui leur restaient.

A Reichshoffen. — Ce sont les batteries de Mornac et Vernay qui viennent au secours du 2e tirailleurs et du 1er zouaves dans toutes les contre-attaques sur la lisière de la forêt de Langensoultzbach, sans se soucier du tir de l'artillerie ennemie, établie au-dessus du village du même nom ([3]).

C'est la réserve d'artillerie qui, après la charge de la division de cavalerie Bonnemains vers Elsasshausen, vient, sur l'initiative du général Forgeot ([4]), se sacrifier pour tenter d'arrêter la marche de l'infanterie prussienne ([5]).

---

[1] A Inkermann et à Traktir, ce sont de véritables charges d'artillerie s'élançant au milieu des bataillons russes, sans souci du feu des batteries ennemies, qui ont sauvé notre infanterie (Voir *Histoire de l'Artillerie*, par le général CANONGE, 1er vol., p. 81, et *Les Transformations de l'Armée française*, par le général THOUMAS, 1er vol., p. 139).

[2] Page 305.

[3] Commandant DE CHALUS, *Wissembourg-Frœschwiller*, p. 91. *Revue d'Histoire*, 1902, t. 5, p. 163.

[4] « Il fallait à tout prix couvrir cette position (les abords de Frœschwiller) et essayer de la dégager; pour cela, balayer le terrain en avant, de façon que, s'il en était temps encore, l'infanterie, secondée par la cavalerie, pût exécuter un vigoureux retour offensif. » (Rapport du général FORGEOT, Archives de la Guerre). *Revue d'Histoire*, 1902, t. 5, p. 601.

[5] On sait qu'à la vue du danger couru par nos batteries, le 1er tirailleurs s'élança à son tour : « Lorsque les tirailleurs prussiens, débouchant

Ce sont, au moment de l'attaque de Frœschwiller, les deux batteries divisionnaires du 1er corps brûlant leurs dernières gargousses pour soutenir la compagnie du génie qui défend le village jusqu'au bout.

A Forbach. — Les deux batteries de Stiring viennent prendre leur part dans le retour offensif du 67e et du 32e de ligne contre le Stiringer-Wald.

Les batteries du Pfaffen-Wald rouvrent le feu pour appuyer la contre-attaque de la division Laveaucoupet vers le Gifert-Wald et le Rother-Berg ([1]).

A Rezonville. — Les contre-attaques de la brigade Mangin, du 2e corps, au sud de Vionville ([2]); de la division Tixier, du 6e corps, sur le bois de Tronville; de la division Cissey, du 4e corps, sur la gauche allemande sont vigoureusement appuyées par l'artillerie ([3]).

Quand la brigade Wedell surprend notre infanterie, avant que le 43e se soit formé, plusieurs batteries sans soutien vont cracher leur mitraille sur les tirailleurs allemands ([4]).

A Saint-Privat. — La contre-attaque de la brigade de Sonnay vers Sainte-Marie-aux-Chênes, celles de la

---

d'Elsasshausen, envahirent les batteries du 9e placées dans ce village, un frémissement d'impatience parcourut les rangs des turcos. Le 3e bataillon (commandant de Lammerz) se porta en avant..... Les 2e et 4e bataillons (commandants Sermensan et de Coulanges) se portent vivement à hauteur du bataillon de Lammerz.... Les turcos reprennent les six pièces des batteries du 9e, dont les Allemands s'étaient emparés et qu'ils n'avaient pu encore emmener..... » (Commandant DE CHALUS, *loc. cit.*, p. 136.) Et c'est alors l'héroïque ruée des turcos vers le Niederwald.

([1]) *Revue d'Histoire*, 1902, t. 5, p. 1357 et 1374.
([2]) Cette contre-attaque amena une véritable panique dans l'artillerie allemande, dont plusieurs batteries se réfugièrent à l'abri des crêtes, et ne prirent plus part au combat, malgré les objurgations du général de Bülow.
([3]) *Revue d'Histoire*, 1903, t. 12, p. 369, et 1904, t. 13, p. 340.
([4]) *Revue d'Histoire*, 1904, t. 13, p. 600. Plusieurs batteries, il est vrai, se retirèrent, et cette retraite leur a été vivement reprochée. Doit-on se montrer si sévère pour des batteries surprises et qui s'attendaient à se voir envahies par un ennemi surgissant d'un ravin en angle mort?

division Cissey au sud-ouest de Jérusalem et de la brigade Jeanningros, de la Garde, entre Amanvillers et Marengo sont vigoureusement soutenues par les batteries restées sur le terrain, qui n'hésitent pas à s'engager côte à côte avec l'infanterie, à portée des fusils ennemis (¹).

Dès que l'infanterie s'avance, l'artillerie, s'il en reste de disponible, est là à ses côtés.

D'ailleurs, dans les bivouacs, la plus franche camaraderie ne cessait de régner entre fantassins et artilleurs. Dans les marches en retraite, ceux-ci chargeaient les traînards sur leurs voitures jusqu'à en faire parfois crever leurs chevaux.

Il eût été à souhaiter que le Commandement fût aussi pénétré du sentiment de la solidarité entre les armes que l'étaient les troupes elles-mêmes. A Elsasshausen, par exemple, s'il avait su utiliser le dévouement réciproque des cavaliers, des fantassins et des artilleurs, pour monter une contre-attaque générale, au lieu de les amener à se sacrifier en efforts successifs et stériles, le résultat eût été autrement plus efficace.

Que de fois ne lui est-il pas arrivé de laisser les batteries isolées sans soutien d'infanterie?

Les généraux des armées de la Défense Nationale durent réagir contre cet abandon où avait été laissée l'artillerie pendant la première partie de la guerre. Ils organisèrent des soutiens permanents, mesure un peu outrée certes, mais qui n'en est pas moins significative.

« **Dans son rapport sur le combat très sérieux qu'il eut à soutenir devant Artenay, le commandant de la réserve d'artillerie, forcé de battre en retraite, se plaint d'avoir été complètement abandonné par les troupes qui devaient le soutenir, et par suite de cet acte de faiblesse, d'avoir vu ses canonniers obligés de pourvoir à leur défense per-**

(¹) *Revue d'Histoire*, 1904, t. 15, p. 433, et t. 16, p. 140 et 425.

sonnelle ([1]). En pareille circonstance, des bouches à feu doivent presque infailliblement tomber aux mains de l'ennemi.

« Afin d'éviter à l'avenir les conséquences de semblables défections, on reconnut la nécessité de subordonner les troupes de soutien aux commandants de l'artillerie qu'elles devaient défendre. Ce principe, posé en présence du général en chef et des généraux de division, fut adopté par eux ; ils en comprirent l'importance. Entrant plus avant dans cette voie, deux des généraux commandant les divisions se déclarèrent disposés à affecter un personnel spécial et permanent à la protection de leur artillerie ; et cette mesure a produit d'excellents effets. (Une très vive sympathie ne tarda pas à se développer entre les canonniers et les fantassins. Elle dut s'accroître encore lorsque ceux-ci, à la suite de combats où ils avaient fait bravement leur devoir, reçurent les récompenses dues à leur courage et réclamées par les chefs de l'artillerie)...

« Grâce à cette combinaison, on a pu remarquer que, depuis Coulmiers inclusivement jusqu'au moment de l'entrée en Suisse, l'artillerie du 15e corps n'a perdu sur le champ de bataille qu'un seul canon, dont l'affût avait été brisé par un projectile, le jour où eut lieu le mouvement de retraite de Chilleurs sur Orléans. » [Général de Blois] ([2]).

([1]) Cette obligation pour l'infanterie de défendre les canons était une tradition qui régnait depuis longtemps dans l'armée prussienne : « Pour le cas où s'engage le combat, je prescris par la présente aux troupes de toutes les armes d'une brigade et même aux détachements particuliers, de se protéger mutuellement et de se considérer comme membres d'une même famille. Leur honneur dépend surtout de la conservation de leurs canons, qui doivent être assimilés à des reliques. Le commandant en chef, fantassin ou cavalier, qui aurait abandonné l'artillerie se trouvant dans son voisinage, sera traduit devant un conseil de guerre, à moins qu'il n'ait subi des pertes sérieuses, se montant au moins à la moitié de son effectif. » (Ordre de Blücher en 1813, cité par le colonel prussien TAUBERT dans son traité sur l'emploi du canon rayé sur le champ de bataille, p. 90.)

([2]) L'Artillerie du 15e corps pendant la campagne de 1870-1871, p. 35 et 179.

En fait, il n'est pas d'artilleur de bon sens qui ne soit intimement persuadé que l'artillerie a non seulement pour rôle essentiel, mais pour *raison d'être* même, de venir en aide à l'infanterie.

Cette aide doit-elle se manifester par une union étroite avec les divers corps de troupe pour battre leurs objectifs particuliers, comme nous avions tendance à le faire en 1870? ou bien par une concentration préalable des feux sur les batteries adverses pour mettre celles-ci hors de cause et les empêcher d'entraver la marche des tirailleurs, comme le faisait l'artillerie allemande à la même époque? ou bien par une combinaison des deux méthodes précédentes, d'après un dosage gradué suivant les circonstances par le Commandement, comme il est de règle actuellement? Des plumes plus autorisées que la nôtre ont traité et traiteront encore de ces questions.

Quoi qu'il en soit, les opinions sur les moyens peuvent différer. Mais sur le principe, tout le monde est d'accord.

Aussi ne semble-t-il ni juste ni opportun, dès qu'on ne voit pas suivre sa méthode de prédilection, de crier au particularisme et de jeter ainsi les germes d'une défiance dangereuse entre des armes qui ne demandent qu'à s'entendre et à s'entr'aider pour le salut commun.

Les « Défaillances »

Mais on a porté contre notre artillerie de 1870 une accusation autrement grave, étant données surtout la grande autorité et la haute valeur de celui qui l'a formulée :

« Il convient de glisser sur les nombreuses défaillances des capitaines commandants de batterie qui se manifestèrent en si grand nombre aux batailles du 16 et du 18 août. Les officiers d'un grade modeste, livrés à eux-mêmes, ne sont pas tous des héros. Et puis, rien ne démoralise comme la conviction une fois acquise de l'impossibilité absolue de vaincre. » [Général Bonnal ([1])].

Certes, nombre de nos batteries ont quitté prématurément le champ de bataille. Mais était-ce bien par « défaillance » ? ([2]).

Une autre artillerie s'était comportée d'une façon analogue à la nôtre : l'artillerie prussienne de 1866. Un de ses principaux chefs, le prince de Hohenlohe, en fait l'aveu formel :

« **Vous me dispenserez de vous énumérer un à un tous les cas particuliers où, en 1866, une batterie cessa son feu parce qu'elle avait épuisé ses munitions. La plupart du temps les caissons ne l'avaient pas suivie, ou bien ils s'en étaient vus séparés par d'autres troupes et n'avaient plus pu continuer à avancer ; ou bien encore ils n'avaient pas trouvé de points de passage sur les rivières. Les batteries qui, ayant ouvert le feu, se voyaient ainsi soudain**

([1]) *La Manœuvre de Saint-Privat*, 3ᵉ vol., p. 471.

([2]) Nous exceptons les cas de panique dont aucune armée n'a été exempte — pas même la Grande Armée. Si la conduite des batteries du 6ᵉ corps après la charge Bredow à Rezonville est loin de pouvoir être citée comme modèle, celle des batteries du IIIᵉ corps prussien près du cimetière de Vionville, le 16 août, et celle du VIIᵉ corps prussien, dans la débâcle du ravin de la Mance le 18 août, n'ont guère été non plus très brillantes. (Voir Fritz Hœnig, *Vingt-quatre heures de stratégie de de Moltke*, p. 209.)

réduites à l'impuissance, se disaient qu'il était absolument inutile de rester là à fournir, avec hommes et chevaux, un point de mire à l'ennemi et à exposer leurs canons à lui servir de trophées. Dès lors, elles remettaient l'avant-train et s'en retournaient en arrière pour aller chercher de nouvelles munitions.

« A la vérité, il y a eu, en 1866 également, des batteries qui, ayant épuisé leurs munitions, restaient muettes à leur poste dans la ligne de combat en attendant qu'on leur amenât des munitions. Telle la batterie von der Goltz à droite de la forêt de Sadowa entre Unter-Dohalitz et Ober-Dohalitz pendant la bataille de Kœniggrætz. Mais cette action héroïque ne constitue qu'une exception pour cette guerre-là.

. . . .

« C'est exiger énormément d'une batterie que de vouloir qu'elle reste là sans tirer, en attendant le renouvellement de ses munitions ; qu'elle demeure sans défense au lieu de quitter la ligne sans en avoir reçu l'ordre. Ce ne sont que des hommes doués d'une énergie extraordinaire qui, dans de pareils moments, pourront, d'eux-mêmes, avoir l'idée de demeurer à ce poste sans munitions, si le Règlement n'en a pas fait une disposition formelle.

« Nous en dirons autant du mouvement rétrograde que font les batteries quand elles se dérobent au feu de l'artillerie ennemie, pour se « rétablir » comme on dit. Dans l'ouvrage du grand État-major, nous pourrons voir se passer ce fait durant la guerre de 1866, à plusieurs reprises, chez les Autrichiens aussi bien que chez les Prussiens » (¹).

Mais les commandants des batteries prussiennes ont trouvé un juge moins sévère que les nôtres :

« D'ordinaire, les batteries rétrogradaient dès qu'elles

_____

(¹) *Lettres sur l'Artillerie,* p. 99 et 102.

n'avaient plus de munitions, et, à considérer la chose de sang-froid, elle paraîtra naturelle, du moins au point de vue purement humain. L'infanterie, en effet, n'a-t-elle pas aussi rétrogradé souvent quand elle n'avait plus de cartouches ? Personne n'a songé à lui en faire un crime. Et pourtant, l'infanterie avait au moins sa baïonnette pour combattre, tandis que l'artillerie est absolument sans défense quand elle n'a plus de munitions.

. . . .

« Qu'on ne laissât pas dans la ligne de feu des pièces qui étaient démontées et par conséquent incapables de produire de l'effet, mais qu'on les en retirât pour les mettre en sûreté, afin que si la bataille devait, à un moment donné, tourner en notre défaveur, elles ne tombassent pas entre les mains de l'ennemi et ne pussent lui servir de trophées, cela semblait se justifier et d'autant mieux que le Règlement d'alors contenait une disposition d'après laquelle les pièces démontées, qui ne pouvaient être rétablies sous le feu même, devaient être ramenées en arrière.

. . . .

« Ajoutez que c'était une très grande honte de perdre une pièce. Depuis les guerres de libération, on avait pris l'habitude de se montrer très sévère à cet égard. Quand Bernadotte hésita à donner suite aux invitations réitérées de Blücher à venir prendre part à la bataille de Leipzig parce que le mouvement qu'on lui demandait d'exécuter lui semblait par trop risqué, il disait emphatiquement qu'il avait assisté à tant et tant de batailles sans jamais perdre une pièce » (¹).

Indulgence excessive d'un chef d'artillerie pour son arme, objectera-t-on? Non pas, car les événements se sont chargés par la suite de lui donner raison. Ce sont en effet ces mêmes officiers, si prompts à abandonner le

_____

(¹) Hohenlohe, *loc. cit.*, p. 100, 103 et 214.

combat en 1866 qui, quatre ans plus tard, ont montré tant d'allant, de ténacité et d'audace sur les champs de bataille d'Alsace et de Lorraine.

Pourquoi ce changement de mentalité? Tout simplement parce, que dans l'intervalle, on avait modifié le Règlement :

« .....Il faut que l'artillerie, bien plus que les autres armes, se garde de rétrograder, car quand c'est elle qui bat en retraite, l'effet produit ainsi sur les autres troupes est par trop impressionnant.

« La cavalerie pourra charger, et refluer ensuite vers les autres armes, et certes cela lui arrivera même si sa charge a réussi; car elle se verra souvent forcée par les circonstances à se rallier en dehors de la zone où le feu ennemi acquiert son efficacité décisive. Ce fait se présentera par exemple quand une charge de cavalerie victorieuse a poursuivi l'infanterie jusqu'au bout, c'est-à-dire jusqu'au moment où elle sera en quelque sorte arrivée sur la pointe des baïonnettes de troupes ennemies toutes fraîches.

« Les lignes d'infanterie, en particulier les lignes de tirailleurs, n'auront pas à rougir d'avoir cédé, en quelque sorte, à la façon d'une balle en caoutchouc, à la pression de l'ennemi devenue par trop violente, pour reconquérir ensuite le terrain perdu dès qu'elles se seront vues renforcer.

« Mais les deux armes ont l'habitude de considérer l'artillerie comme l'élément stable, et d'entendre rouler le tonnerre de ses pièces, c'est pour elles la garantie que l'on se maintient solidement sur la position. Dès lors, dès que fantassins ou cavaliers voient l'artillerie refluer en arrière, ils en concluent qu'on renonce à continuer la lutte, qu'on considère la bataille comme perdue. Lorsqu'une idée de ce genre s'empare de l'esprit des troupes, même si pour le moment elle n'est nullement encore fondée, elle peut néanmoins amener la perte du combat. C'est pourquoi il est préférable que l'artillerie tienne avec la plus grande opiniâtreté et que, même si elle a épuisé ses munitions, elle n'abandonne pas sa position pour se reporter en arrière tant que le général commandant le corps de troupe engagé n'a pas renoncé à continuer la lutte.

. . . .

« Quand les batteries ne peuvent pas tenir, il faut les renforcer par d'autres, au lieu de les retirer ou de les relever, et quand elles seront devenues suffisamment nombreuses sur la position, elles finiront bien par pouvoir lutter. Mais si vous remplacez une batterie par une autre parce qu'elle n'aura pas pu tirer, cette autre à son tour ne tiendra pas, car elle se verra soumise au même feu que la première. De la sorte, on s'expose à ce que l'ennemi, supérieur en nombre, vous épuise, vous enlève vos forces goutte à goutte en quelque sorte, tandis que, en faisant agir toutes les batteries en commun, on serait parvenu à lui disputer cette supériorité.

. . . .

« D'autre part, il est de toute évidence que le canonnier doit préférer tomber mort sous sa pièce plutôt que de la perdre. Sur la pièce en effet est gravée l'aigle royale ; c'est en imposant la main sur la pièce qu'il prête, lui, son serment au drapeau ; la pièce pour lui, c'est le drapeau. Mais, malgré tout, mieux vaut perdre une pièce qu'une bataille.

« Aussi a-t-on, après la guerre de 1866, établi des principes tout autres à ce sujet. En 1870 et en 1871, nous avons aussi perdu des pièces dans les combats, de même que nous avons perdu un drapeau. Mais quelle gloire ces pièces perdues n'ont-elles pas value aux corps de troupe qui ont dû les abandonner à l'ennemi? Ces pertes constituent un des faits les plus glorieux de notre histoire militaire. C'est que le principe avait fini par prévaloir que perdre une pièce ne constituait pas une honte par cela même qu'on la perdait, mais que ce qu'il fallait considérer, c'était la manière dont la troupe s'était comportée ce jour-là.

« Après la guerre de 1866, on avait formulé ce principe qu'aucune pièce, en quelque état qu'elle fût, ne pouvait être renvoyée de la ligne de feu pour se porter en arrière à l'effet d'être rétablie. C'est pourquoi, dans la guerre qui suivit, toutes les pièces restèrent sur la position et furent réparées à l'aide des rechanges fournis par le chariot de batterie, lequel se trouvait à proximité, dans le premier échelon.

. . . .

« Les nerfs en 1870 étaient absolument les mêmes qu'en 1866, mais les prescriptions du Règlement avaient été modifiées. Le premier principe était qu'aucune ligne d'artillerie, qu'aucune pièce ne pourrait exécuter de mouvement rétrograde à moins d'en avoir reçu l'ordre. C'est pourquoi, au cours de la guerre de 1870, je n'en ai vu rétrograder aucune dans le but de procéder à des réparations » (¹).

Tant il est vrai que la bonne tenue sur le champ de bataille n'est pas uniquement affaire d'éducation morale, mais que la discipline du Règlement y contribue également pour sa part.

Moins heureux que les vainqueurs de Sadowa, les vaincus de Saint-Privat n'ont pu fournir la contre-épreuve de leur conduite. Mais leurs successeurs des armées de la Loire et du Nord, lesquels n'étaient certainement pas d'une trempe supérieure à la leur, l'ont donnée pour eux.

Il nous suffira d'invoquer le témoignage des chefs qui ont vu ceux-ci au feu :

(¹) HOHENLOHE, *loc. cit.*, p. 100, 104, 214 et 216.
Le prince de Hohenlohe cite en particulier le cas d'un commandant de batterie devant Châteaudun, lequel ayant épuisé ses munitions, fit entonner à ses canonniers, grimpés debout sur les coffres, le *Wacht am Rhein* jusqu'au retour des caissons de ravitaillement (p. 101).

« L'artillerie mérite de grands éloges, car, malgré des pertes sensibles, elle a dirigé son feu et manœuvré sous une grêle de projectiles, avec une précision et une habileté remarquables. » (Rapport officiel du général d'Aurelle de Paladines après la bataille de Coulmiers) (¹).

« Notre artillerie, écrit le général Chanzy après le combat de Villepion, a été d'une audace et d'une précision que je ne puis trop louer. » — « Le prince Charles, dit le même général dans son rapport du 7 décembre, avait mis en ligne 86 canons. Notre artillerie s'est montrée supérieure à celle de l'ennemi... La 19ᵉ batterie du 7ᵉ régiment, commandée par le capitaine Rouvillois, au combat de Villechaumont, attaquée par des fantassins allemands, est dégagée par la vigueur du capitaine... Une des batteries de la colonne Camô, envahie par les tirailleurs ennemis, aurait été enlevée sans l'énergie des canonniers, qui se défendirent à coups de mousqueton, jusqu'au moment où ils furent dégagés par les chasseurs à pied du 16ᵉ bataillon. » (²)

Mêmes éloges du même général, après Coulmiers.

« L'artillerie méritait les plus grands éloges et les devait à l'activité et à l'énergie du colonel de Marcy et de ses officiers.

« Malgré les pertes très grandes en hommes, en chevaux et en matériel, elle n'avait pas hésité un instant à se porter en avant chaque fois qu'elle en avait trouvé l'occasion, et avait manœuvré sous une grêle de projectiles avec une précision et une intrépidité remarquables (³). »

Cette appréciation est confirmée par la lettre suivante,

(¹) Cité par le général DE BLOIS, p. 74.
(²) Cité par le générál THOUMAS, *Les Transformations de l'Armée française*, vol. 1, p. 145.
(³) Général DE BLOIS, *loc. cít.*, p. 72.

que le ministre adressa au général commandant l'artillerie :

« **Tours, le 17 novembre 1870**

« Général, le rapport de M. le Général en chef de l'armée de la Loire me signale les services de l'artillerie dans les combats livrés autour d'Orléans.

« Je vous félicite, Général, de l'heureuse direction que vous avez su donner à vos troupes et je vous en exprime toute ma satisfaction.

« Recevez, Général, l'assurance de ma considération la plus distinguée.

« *Le Ministre de l'Intérieur et de la Guerre,*
« **GAMBETTA** » (¹).

A l'Armée du Nord, le général Faidherbe n'est guère moins élogieux pour son artillerie :

« Toutes les personnes appartenant à l'élément civil, tous les malades, prisonniers ou échappés venus des lieux occupés par la 1ʳᵉ armée prussienne, sont d'accord pour dire toute l'estime qu'ont les Prussiens pour l'artillerie de l'armée du Nord : « Votre artillerie est remar-« quable, disent-ils, et le tir de vos mitrailleuses nous a « fait beaucoup de mal ; vous ne vous en étiez pas encore « servi. »

. . . .

« Pendant une mission que le colonel Charon alla remplir à Paris, lors de l'armistice, par ordre du général en chef, il eut lui-même l'occasion de voir à Amiens l'état-major du général von Gœben commandant la 1ʳᵉ armée, et il recueillit de semblables paroles des officiers prussiens qui étaient présents. Tous rendaient hommage au tir excellent de l'artillerie de l'armée du Nord (²). »

Et d'ailleurs, nos malheureuses batteries de l'Armée

(¹) Général DE BLOIS, *loc. cit.*, p. 86.
(²) Général FAIDHERBE, *Campagne de l'Armée du Nord*, p. 96.

Impériale ont pour elles le témoignage élogieux d'un homme peu facile à contenter et qui ne se payait pas de mots : le général Ducrot.

Dans sa correspondance, il parle toujours d'une façon très flatteuse du dévouement de ses canonniers (¹).

Dans son livre sur la *Journée de Sedan,* il retrace avec émotion le rôle de son artillerie et fait entre elle et son infanterie un parallèle qui est loin d'être en faveur de cette dernière :

« **Belle attitude de l'artillerie.**

« L'artillerie ne se montre pas moins admirable que la cavalerie. Accourues en toute hâte, deux batteries de la réserve sont pulvérisées en quelques instants par le feu de 50 pièces ennemies. D'autres les remplacent immédiatement, prennent de meilleures dispositions et répondent énergiquement. Pendant quelque temps, elles parviennent à attirer sur elles tous les efforts de l'artillerie ennemie, ce qui permet à la cavalerie et à l'infanterie de tenter un dernier effort. Mais, indépendamment de notre infériorité numérique et de notre infériorité de tir et de portée, la configuration du terrain, par sa forme circulaire, nous était encore désavantageuse.

. . . .

« Bientôt la place n'est plus tenable, les affûts sont brisés, plusieurs caissons sautent à la fois, et les batteries se retirent en abandonnant une partie de leur matériel.

. . . .

« Quant à l'artillerie, nous avons dit quel avait été son rôle, avec quelle abnégation elle s'était sacrifiée sans tenir compte de son impuissance (²). »

. . . .

(¹) Général Ducrot, *La Journée de Sedan,* p. 36 et 41.
(²) Voir *Vie militaire du général Ducrot, d'après sa correspondance.* Paris, Plon-Nourrit, 1895, 2ᵉ vol., p. 354, 371, 372.

Plus loin, le général revient encore sur la conduite glorieuse de son artillerie.

« Toutes les troupes disponibles du 1er corps d'armée furent alors amenées au secours du 7e corps. La réserve d'artillerie vint s'établir en face d'une batterie ennemie d'une cinquantaine de canons qui étaient déjà en position depuis longtemps et dont le tir était parfaitement réglé. Cette situation si désavantageuse à notre artillerie était encore aggravée par la supériorité numérique des pièces ennemies, et le degré plus grand de justesse. Aussi les premières batteries françaises en position furent-elles balayées et littéralement pulvérisées en quelques minutes. Elles furent immédiatement remplacées, et cette fois la résistance fut terrible.

« L'héroïsme déployé dans cette circonstance par l'artillerie, sûre d'avance d'être écrasée, est bien au-dessus de tout ce que nous pourrions exprimer. Elle eut, du reste, la consolation d'arrêter pendant un certain temps l'élan de l'ennemi et de permettre à nos troupes de cavalerie et d'infanterie de préparer une dernière tentative (tentative désespérée pour briser le cercle de fer et de feu qui nous étreignait), en attirant sur elle les efforts de l'ennemi pendant un temps que nous pouvons évaluer à une demi-heure environ.

« Hélas ! ce mouvement devait échouer ; mais l'artillerie put se dire qu'elle avait fait tout ce qu'il fallait pour en faciliter la réussite.

« Pendant ce combat glorieux de notre artillerie, le général Ducrot rassemblait la cavalerie et l'infanterie qui lui restaient sous la main et tentait, par un appel énergique et suprême aux sentiments d'honneur et de devoir, de faire passer dans l'âme de ses troupes la mâle et courageuse résolution dont il était lui-même animé. La cavalerie répondit noblement à cet appel et fournit une charge des plus brillantes, mais qui vint se briser contre une nouvelle pluie de feu qui eut bientôt entassé pêle-mêle chevaux et cavaliers. L'infanterie, hélas ! était accablée ; tout ressort en elle était brisé : depuis le matin elle avait supporté une canonnade ininterrompue qui l'avait désorientée d'abord, puis démoralisée. Elle resta sourde à la voix de ses chefs. Par trois fois le général Ducrot et son état-major se mirent à sa tête pour la ramener au feu ; ils obtinrent d'elle l'obéissance, mais ce fut tout. Chaque fois qu'ils durent porter leurs soins ailleurs, elle n'écouta plus ses officiers et lâcha pied » (¹).

Toujours prêtes à appuyer les contre-attaques, nos batteries n'ont jamais oublié dans les retraites leur rôle de dévouement.

Quand elles se sont retirées du combat, ce fut la plupart du temps par ordre ou pour des raisons de ravitaillement, ou bien encore dans le but de réserver leurs dernières charges pour la lutte rapprochée.

« **Les capitaines commandants**, écrit dans son rapport sur la journée du 18 août le général Gagneur, qui commandait l'artillerie du 2ᵉ corps, **commencent à comprendre qu'il vaut mieux ne pas engager de lutte sérieuse d'artillerie contre une artillerie presque toujours supérieure en nombre, et qu'il est préférable de supporter passivement les pertes tant en hommes qu'en matériel que les projectiles peuvent occasionner quand ils tombent dans nos batteries, que d'épuiser les munitions sans obtenir de résultat sérieux, et de ne plus pouvoir ensuite être d'aucun secours pour l'infanterie, quand les positions que nous occupons seront attaquées par les colonnes prussiennes** » (²).

Ajoutons que, dans la journée du 18 août, il avait été prescrit à notre artillerie d'économiser des munitions, et, de ce fait, un grand nombre de batteries, particu-

---

(¹) Général Ducrot, *loc. cit.*, p. 138 et suiv.
(²) Commandant Rouquerol, *loc. cit.*, p. 362.

lièrement au 4e corps, durent rompre prématurément le combat ([1]).

Mais quand elles ont reçu l'ordre de rester sous le feu, malgré leur infériorité, malgré les pertes, malgré souvent l'impossibilité de riposter, nos batteries l'ont fait avec une abnégation à laquelle nos ennemis eux-mêmes ont rendu hommage.

Telle a été, par exemple, la conduite des batteries Ladrange, du 1er régiment d'artillerie, vers Montigny (par ordre du général Laffaille) ; des batteries du 8e régiment, vers Amanvillers (par ordre du lieutenant-colonel de Montluisant) ; des deux batteries à cheval de la réserve du 3e corps vers Saint-Hubert (par ordre du général de Berckheim) ([2]).

A plusieurs reprises, les cadres et même les officiers participèrent sur le champ de bataille à la manœuvre de la pièce, conjointement avec les quelques servants survivants ([3]).

« **A Mouzon, un capitaine commandant une batterie de mitrailleuses dont presque tous les servants étaient hors de combat, lorsque les débris des régiments battus eurent passé la Meuse, ne les suivit pas. Il établit sa batterie sur le pont de Mouzon et, pointant lui-même ses pièces, sans soutien, il réussit à empêcher le passage des Prussiens** ([4]). »

Quant à la conduite héroïque de notre artillerie à Sedan, elle mérite de figurer dans les fastes les plus glorieux de l'arme, et les artilleurs du Calvaire d'Illy furent eux aussi des « braves gens » ([5]).

Les historiques des batteries signalent aussi bien de

([1]) Commandant ROUQUEROL, *loc. cit.*, p. 182, 239, 389.
([2]) Général ERB, *loc. cit.*, p. 475.
([3]) Général ERB, *loc. cit.*, p. 475.
([4]) Renseignement donné par le général RÉBILLOT. L'officier auquel il est fait allusion est le capitaine Tessières, du 2e régiment.
([5]) *Revue d'Histoire*, 1906, t. 24, p. 390.

la part des officiers que de la part des canonniers, des actes de courage et de dévouement de toutes sortes, qui, pour être restés inconnus, ne doivent pas pourtant rester méconnus.

« L'artillerie, a dit l'auteur d'une brochure qui jadis fit beaucoup de bruit (¹), a toujours été l'enfant gâtée de la nation française. »

A quoi le général Thoumas répond : « Les canons, peut-être, les canonniers, non !

« Nos canons ont une histoire, nos canonniers n'en ont pas. Il y a longtemps que cette injustice-là dure... A lire la plupart des récits de guerre où l'on fait plutôt ressortir les difficultés créées pour l'infanterie par le tir de l'artillerie ennemie que l'appui qu'elle reçoit de la nôtre, on dirait que les canons sont mus par quelque puissance invisible et impersonnelle » (²).

Et, comme on l'a vu, l'injustice signalée par le général Thoumas il y a quelque vingt ans, dure encore.

(¹) *La France est-elle prête?* (*vers 1883*).
(²) Général THOUMAS, *Les Transformations de l'Armée française*, vol. I, p. 139.

L'esprit d'offensive

Quoi qu'on en ait dit et écrit, notre artillerie — pas plus que notre infanterie d'ailleurs (¹) — n'était préparée ni par ses traditions ni par ses règlements à la défensive, à cette défensive passive surtout qui fut en somme une génération spontanée due au désarroi du haut commandement. Elle était au contraire animée d'un esprit d'offensive peut-être excessif.

Les *Observations sur le service de l'Artillerie de campagne* (1869) qui consacrent plus de cinq pages au rôle de l'artillerie divisionnaire dans l'offensive (²), se contentent d'une dizaine de lignes pour indiquer son rôle dans la défensive. Encore spécifient-elles que dans ce dernier cas, « elle doit se tenir toujours prête à passer de la défensive à l'offensive .»

« **L'artillerie engagée en première ligne se déploie habituellement en avant des intervalles de la ligne ou sur les flancs des divisions : à 200 ou 300 mètres de distance au plus, pour ne pas perdre l'avantage d'être flanquée très efficacement par les feux de mousqueterie et pour être soutenue à temps ; à 60 mètres au moins, pour que ses feux puissent se croiser en avant de la ligne de bataille et pour que l'explosion d'un coffre à munitions ne produise pas d'accidents trop graves dans les troupes de cette ligne.**

« **Les batteries ne se placent pas devant le front même des troupes, afin de laisser celles-ci libres de leurs mouvements offensifs et de ne pas les exposer à recevoir les coups destinés à l'artillerie. »** (³)

(¹) Voir à ce sujet le livre du commandant J. COLIN, *Les Transformations de la guerre. Paris,* Flammarion (Bibliothèque de philosophie scientifique), p. 30 et suiv.

(²) P. 36 à 41.

(³) *Observations,* p. 31.

Les conclusions du Règlement que nous venons de citer débutent ainsi :

« **L'adoption des nouvelles armes portatives, en élevant au plus haut degré la puissance de l'infanterie surtout pour la défensive, a grandi le rôle réservé à l'artillerie dans l'offensive. Aujourd'hui plus que jamais, les mouvements préparatoires doivent être couverts par l'artillerie et les attaques ne pourront le plus souvent réussir qu'à la condition d'être préparées par un emploi large et judicieux de cette arme... S'attaquant principalement soit aux réserves des tirailleurs et aux masses ennemies, soit aux obstacles matériels, elle s'en remet à l'infanterie du soin de la dégager des tirailleurs, qu'elle ne combat directement que dans les circonstances exceptionnelles.** » (¹)

Le *Manuel d'Artillerie* (du 17 avril 1869), reproduisant les dispositions de l'*Aide-Mémoire de Campagne*, se montre tout aussi préoccupé de l'offensive — et de l'offensive presque exclusivement. Parlant, par exemple, des levées de terre à établir pour couvrir les batteries en position, il ajoute : « Ne pas abuser de ce moyen, qui pourrait enlever plus tard une partie de l'entrain nécessaire pour se porter en avant. » (²)

Cet esprit offensif se reflète dans les divers écrits de l'époque, émanant d'officiers d'artillerie.

« **Les reproches que fait M. Arkolay à l'artillerie prussienne**, écrit le capitaine Zurlinden, **peuvent être justes, si, comme il le dit, abandonnant complètement l'infanterie, ne paraissant jamais dans la mêlée, les batteries se sont bornées à faire feu de loin, à tirer artillerie contre artillerie. Mais l'artillerie française n'a jamais joué ce rôle nulle part. Dans tous les champs de bataille de nos dernières guerres, en Italie, en Chine, au Mexique, nos**

(¹) P. 61.
(²) P. 316.

batteries ne se sont pas contentées d'engager l'action de très loin, elles ont toujours paru au premier rang, dans toutes les périodes du combat, appuyant les troupes, préparant l'attaque, soutenant la retraite. Les reproches ne touchent donc en rien notre artillerie. Son instruction, ses manœuvres, tout prouve au contraire qu'elle est loin d'avoir renoncé au grand rôle qu'elle jouait dans les guerres de l'Empire, et qu'elle est encore parfaitement décidée à prendre aux jours des combats sa part de gloire et de danger . . . .

« Les batteries doivent être aussi hardies, aussi indépendantes que possible, et pour cela bien escortées et largement approvisionnées. Comme par le passé, elles combattront en première ligne, et chercheront, en avançant, à diminuer leurs distances de tir. Elles augmenteront ainsi à la fois l'efficacité de leur feu et leur action morale, qui sont plus indispensables que jamais à l'infanterie. » ([1])

Autre document :

« En résumé, les perfectionnements des armes à feu tant de l'infanterie que de l'artillerie ont grandi le rôle tactique de l'artillerie, mais sans les changer. Les règles de la note de l'Aide-mémoire sur l'emploi de l'artillerie sur les champs de bataille subsistent pleines et entières.

« Comme par le passé, l'artillerie engagera le combat et l'entretiendra aux distances où n'atteignent pas les armes portatives. Grâce à ses grandes portées, elle pourra fouiller tout le champ de bataille et inquiéter jusqu'aux réserves ennemies.

« Mais cette partie de son rôle, tout utile qu'elle soit, n'est pas la plus importante.

« Avec les fusils se chargeant par la culasse, une troupe d'infanterie est inabordable de front si on n'a pas soin de préparer l'attaque.

« Cette tâche capitale de la préparation de l'attaque

([1]) Rapport Zurlinden, p. 39.

incombe à l'artillerie ; ses batteries devront concentrer leur feu sur les troupes qui occupent le point décisif ; les plus éloignées pourront concourir efficacement à ce but, grâce à la justesse et à la grande portée des canons rayés.

« Au moment suprême de la lutte, à l'instant où les colonnes d'attaque vont s'élancer, l'artillerie devra broyer de son feu le point d'attaque. Les batteries divisionnaires qui flanquent les têtes de colonnes, aidées au besoin des batteries de la réserve, s'avanceront en faisant feu jusqu'à la portée de mitraille la plus efficace et se tiendront prêtes soit à s'élancer pour appuyer l'attaque si elle réussit, soit, en cas d'échec, à servir de point de ralliement à l'infanterie.

« Revenons maintenant à l'artillerie divisionnaire du corps qui va s'engager et à l'artillerie de réserve qui doit appuyer l'offensive.

« Leur tir doit être bien réglé avant qu'aucun mouvement se produise ; dès qu'en le combinant elles auront déterminé une hésitation dans la ligne ennemie, dès qu'on en verra les rangs s'éclaircir, l'infanterie s'avancera rapidement précédée de ses tirailleurs. Pendant sa marche, les batteries continueront leur tir en le croisant en avant du front de la troupe qui s'avance aussi longtemps qu'elles le pourront, puis en tirant par-dessus les troupes ; la courbure de nos trajectoires permet d'employer ce genre de tir sans aucune hésitation ; l'instruction sur le service en campagne l'indique, mais il serait peut-être bon, pour enlever toute appréhension aux troupes qui devront ainsi marcher sous cette voûte de projectiles, de les y préparer en temps de paix, en leur offrant, dans nos polygones, des preuves palpables de la sécurité avec laquelle on peut marcher sous nos trajectoires.

« Malgré l'effort des batteries combinées, il peut se faire que, sous le feu des tirailleurs ennemis, sous le feu de la seconde ligne, la troupe assaillante ait trop à souffrir pour continuer stoïquement sa marche, sans courir le risque de se compromettre inutilement. Qu'elle s'arrête alors, que ses tirailleurs se postent et que tous ouvrent par le feu une lutte qui ne sera pas nécessairement inégale. C'est à ce moment que les batteries de cette troupe se mettront en marche, protégées à leur tour par le feu de la mousqueterie ; elles se porteront en avant et trouveront alors à utiliser l'énergie, le courage et les moyens qu'elles auront prudemment conservés jusqu'à ce moment décisif. Qu'elles marchent en avant, sans souci de se compromettre, il n'y a plus de distance à apprécier, d'évents à choisir, de hausses à mettre à fond ; il faut arriver jusqu'à portée de mitraille.

« Si le mouvement réussit, l'infanterie se remettra en marche dès que son artillerie aura ouvert son feu ; elle abordera la position disputée et la bataille se terminera comme les victoires de Napoléon.

« Si le mouvement échoue, si l'artillerie, forcée de se porter trop en avant de la ligne d'infanterie, ne peut réussir à ouvrir son feu, l'infanterie devra se replier ; elle se repliera sous la protection des batteries de la réserve et aucun point de la ligne de bataille ne sera compromis, à la condition toutefois que l'infanterie aura su se replier à temps, en bon ordre, en conservant une formation qui lui permette de résister à une attaque de cavalerie, et sans paralyser le feu des batteries de réserve en ramenant derrière elle un ennemi qui la suivrait de trop près.

« Quant à l'artillerie engagée, le pis qui puisse lui arriver serait d'être perdue ; mais, comme disait François Ier, fors l'honneur ; car si les pièces ne reviennent pas, il ne reviendra pas non plus beaucoup de canonniers.

. . . .

« Le rôle de l'artillerie, si important dans une action offensive qui ne pourrait pas être tentée sans son concours, le devient peut-être un peu moins dans la défensive, puisque l'infanterie est maintenant suffisamment protégée par son feu. » [Conférence de l'École d'artillerie de Metz. (¹)]

Voici les conseils que donne le colonel Crouzat (²) dans une brochure publiée en 1868, avec l'autorisation du ministre, conseils dénotant une audace qui, pour être irroisonnée et poussée jusqu'à l'aveuglement, n'en est pas moins significative :

« **Allez au feu hardiment et vivement en bataille et au trot**, si c'est possible. Que le capitaine commandant précède toujours sa batterie d'une centaine de mètres pour voir le terrain. Trente mètres de plus en avant ou en arrière, à droite ou à gauche, vous donneront souvent une position meilleure ou moins mauvaise. Tirez de près, (vers 800 mètres) et sur des masses, ou tout au moins sur des groupes nombreux ; c'est le tir effectif, celui qui détruit et qui gagne les batailles. Quand vous serez en batterie, si les balles vous arrivent en très grand nombre et qu'il paraisse que cela doive durer un peu de temps, faites mettre pied à terre à vos conducteurs ; qu'ils se couvrent et se défilent en se rapprochant de leurs chevaux ; que, pendant ce temps, vos canons fassent un feu rapide : surtout du calme et du silence. Les boulets ne font presque rien contre une batterie dont les pièces sont bien espacées et les avant-trains et les caissons bien en file ; les boulets font alors plus de peur et de bruit que de mal ; ce sont les chevaux qui en pâtissent le plus.

« Quand vous croirez pouvoir le faire, n'amenez que vos pièces au feu attelées à six chevaux, avec trois servants seulement pour chacune ; c'est la vraie batterie de combat. Le chef de pièce, n'ayant plus que sa pièce à surveiller, devient pointeur. En cas de trot, un servant s'assied sur la flèche. Chaque coffre de quatre contenant quarante

---

(¹) Archives de l'Artillerie 2-b-2 (c), p. 8 et 10.
(²) *Batteries de guerre. Soins et conduite en campagne,* par le colonel CROUZAT, p. 6. Archives de l'Artillerie 2-b-2 (c).

coups, cela nous fera, avec les coffrets d'affûts, deux cent soixante-quatre coups à tirer. C'est suffisant pour un feu sérieux et bien pointé d'une heure, et de deux heures si vous manœuvrez. Une pareille batterie, légère, mobile, libre de ses mouvements et de ses allures, n'ayant pas l'embarras de ses caissons et n'exposant que très peu au feu, devra, bien et vigoureusement menée, frapper des coups décisifs et durer toujours. »

Le maréchal Le Bœuf, qui, certes, comme commandant de corps d'armée ne se montra guère au-dessus de la moyenne de ses collègues, puisa, comme major-général, dans sa mentalité d'ancien artilleur des idées d'offensive très nettes :

« **Les batteries divisionnaires**, écrivait-il le 1ᵉʳ août dans des instructions tactiques envoyées aux corps d'armée, se porteront en avant et ouvriront le feu. Elles peuvent s'avancer jusqu'à 200 ou 300 mètres de la première ligne, sans cesser d'être efficacement flanquées par la mousqueterie. » ([1])

En 1869, il répondait au général Frossard, qui lui soumettait un projet d'occupation défensive de « *la belle position* » de Haye : « Quand nous en serons là, nous serons bien malades. » ([2])

Le grand tort de l'artillerie, la genèse de toutes ses erreurs, aussi bien dans le domaine technique, comme nous l'avons vu dans un chapitre précédent, que dans le domaine tactique, ce fut de s'être laissé aveugler par des idées d'offensive à outrance, au point de ne plus voir les réalités nouvelles du champ de bataille : le combat à longue portée.

Inspirée par le souvenir un peu trop dominateur des guerres du Premier Empire, rêvant les lauriers des

---

([1]) *Revue d'Histoire*, t. 3, p. 600.
([2]) Lehautcourt, *loc. cit.*, vol. 2, p. 79.

Drouot et des Sénarmont, elle avait oublié ce principe de Napoléon que la tactique (laquelle n'est en somme que l'utilisation rationnelle d'un armement sans cesse perfectionné) doit varier tous les dix ans.

Elle qui, la première, avait utilisé les canons rayés; elle, l'arme par excellence de la logique et du raisonnement, pourquoi n'a-t-elle pas su prévoir la conséquence pratique de son invention : l'accroissement de la distance de combat?

Il est peut-être intéressant d'en rechercher les causes ; car, actuellement, nous paraissons arrivés à une nouvelle phase analogue dans l'évolution de notre arme.

Dans son mémoire, le capitaine Zurlinden reconnaît **« qu'une artillerie qui serait incapable de tirer aux grandes distances et qui, sans pouvoir répondre à l'artillerie ennemie, lui laisserait décimer les troupes, serait dans des conditions déplorables et conduirait infailliblement à un échec l'armée à laquelle elle appartiendrait ».**

« L'artillerie, conclut-il, doit avoir forcément des portées plus grandes que l'infanterie. Autrefois, l'infanterie tirait jusqu'à 400 m, l'artillerie jusqu'à 1.200 ou 1.500 m. De nos jours, l'infanterie étend son tir jusqu'à 1.000 m et au delà, les rayures ont permis à l'artillerie de tirer jusqu'à 3.000 m ; elles lui ont redonné sur toutes les autres armes cette supériorité de portée qui est une de ses propriétés les plus indispensables, une des causes de sa grande influence morale. »

Ces principes d'une clairvoyance quasi prophétique, lesquels, ne l'oublions pas, étaient approuvés par le Comité de l'Artillerie, ne furent malheureusement pas mis en application avec toute la rigueur voulue.

Le capitaine Zurlinden parle bien des effets obtenus, pendant la guerre d'Italie, par notre artillerie, à des portées de 2.400 et même 3.000 m (¹). Mais ces cas furent envisagés plutôt comme exceptionnels.

« On a reproché à notre canon son peu de portée, écrit le général Faidherbe (²). Cette critique n'a pas autant de valeur qu'on serait tenté de le croire. On aurait, pour la guerre de campagne, un canon portant à 6.000 m., qu'on le trouverait encore insuffisant si l'on se plaçait à 7.000 m des batteries ennemies, tel est le résumé de l'opinion du colonel d'artillerie Charon. » (³)

Chose singulière, c'est surtout dans les écrits des artilleurs allemands qu'on trouve exposées le plus nettement les raisons du scepticisme avec lequel on accueillait les idées de tir à longue portée.

« Les données suivantes, écrit le colonel Taubert de l'artillerie prussienne, peuvent servir de guide dans l'ap-

---

(¹) Voici, à cet égard, des renseignements tirés de la note du général Le Bœuf sur l'emploi de la bouche à feu rayée de 4 en Italie :

« Malgré la difficulté d'apprécier les distances sur le champ de bataille, « qui rendait les résultats du tir beaucoup inférieurs à ceux des polygones; « malgré l'inexpérience des pointeurs, notre artillerie a toujours eu, en « Italie, sur l'artillerie autrichienne, une supériorité telle que, dans aucune « circonstance, celle-ci n'a pu tenir. »

Et plus loin :

« Le général Forgeot s'exprime ainsi dans son rapport sur l'emploi de « l'artillerie du 1er corps dans la bataille de Solférino : « Vers 1 heure, par « ordre du maréchal, trois pièces ouvrent le feu sur la gauche contre des « troupes autrichiennes qui opéraient un mouvement tournant dont « l'objet paraissait être de couper l'armée sarde. Le tir de ces pièces, « exécuté sous les yeux mêmes du maréchal, fut d'une grande justesse « et produisit un effet immédiat: il mit en déroute une forte troupe de « cavalerie, pendant qu'une nombreuse colonne d'infanterie cherchait à « s'abriter derrière une ferme. On vit en même temps sauter une voiture « d'artillerie qui traversait la plaine. Dans ce tir, qui dura plus d'une « heure, les trois pièces consommèrent, à des distances comprises entre « 1.500 et 2.400 m, 80 obus ordinaires. Le feu cessa lorsqu'on vit l'armée « sarde se reporter en avant et nos troupes arriver du même côté. »

Plus loin, le général Le Bœuf ajoute : « A la fin des batailles de Magenta « et de Solférino, l'artillerie rayée, tirant à 2.500 et 3.000 m sur des co- « lonnes ennemies, a porté le désordre dans leurs rangs et précipité leur « retraite. » (Rapport Zurlinden, p. 20.)

(²) *Campagne de l'Armée du Nord en 1870-1871*, p. 97.

(³) Le colonel Charon commandait l'artillerie de l'Armée du Nord.

préciation des distances : des yeux sains, non munis de lunettes, distinguent par un temps clair :

« A 300 pas, la figure;

« A 600 pas, la coiffure;

« A 800 pas, la tête paraît une boule ; on distingue le contour supérieur du corps humain;

« A 1.000 pas, on distingue les mouvements des bras et des jambes;

« A 1.200 pas, la hauteur des individus, les groupes de fantassins et les chevaux;

« A 1.500 pas, les mouvements des subdivisions massées, le nombre de canons, la différence entre l'infanterie et la cavalerie;

« A 2.000 pas, l'infanterie paraît comme une raie épaisse, garnie d'une ligne scintillante; la cavalerie est plus élevée, sa partie supérieure est dentelée ;

« Au-dessus de 2.000 pas, les appréciations suffisamment exactes sont impossibles, les artilleurs sont alors forcés de recourir aux coups d'essai, et de surveiller avec soin le point d'éclatement des obus ; ces opérations ne sont plus même exécutables au-dessus de 3.000 pas » ([1]).

Ce qu'Arkolay, le grand adversaire de l'artillerie rayée, reproche le plus aux nouveaux canons, c'est moins leur complication et leur fragilité que l'étendue de leur portée :

« La nouvelle artillerie s'est adonnée complètement au combat aux grandes distances, et cependant le combat de loin n'a qu'une importance secondaire, il n'est utile que comme simple préparation au combat de près. Tout ce qu'on peut faire pour le perfectionner n'est avantageux qu'autant que cela sert efficacement au combat aux petites distances. Il n'est que l'introduction de la crise de la bataille, tandis que le combat de près est la crise elle-même.

« Quelle que soit son infériorité dans le combat de loin,

([1]) Colonel TAUBERT, *loc. cit.*, p. 40.

une troupe qui se trouvera dans de meilleures conditions pour le combat aux petites distances aura toujours l'avantage. Le combat aux petites distances décide en dernier ressort.

« Si encore l'artillerie était réellement très efficace aux grandes distances auxquelles elle espère produire de l'effet ! mais quel mal sérieux peut-elle faire à partir de 2.000 m, alors qu'on ne peut plus voir distinctement les objets et qu'il est presque impossible d'apprécier exactement les distances, même dans un champ de tir ? On n'a qu'à voir ce qui s'est passé en 1866 : dans tous les combats, des batteries se canonnent pendant plusieurs heures, épuisent leurs munitions pour arriver à tuer quelques hommes et quelques chevaux ou à détruire une voiture.

« Et c'est pour ces résultats insignifiants que l'artillerie a renoncé à toutes les qualités qui en avaient fait un élément si redoutable dans les guerres de la Révolution et de l'Empire !

« Il n'y a plus maintenant de tactique possible pour l'artillerie ; ses canons rayés ne sont bons que pour tirer de loin. Elle est fixée à la position comme l'artillerie du quinzième siècle ; elle est forcée de rester en place pour pouvoir apprécier à peu près ses distances. La mobilité ne lui sert plus à rien. On pourrait l'atteler avec des bœufs et des ânes.

« Les canons rayés sont bien plus efficaces dans les polygones que sur les champs de bataille. La guerre de 1866 l'a prouvé : l'effet sur les champs de bataille est au plus le dixième de l'effet dans les polygones. Ils reposent essentiellement sur l'appréciation rigoureuse des distances. Cette condition peut toujours être satisfaite dans les polygones, jamais à la guerre. Tandis que de graves erreurs seules font tort aux canons lisses, dont le tir est plus tendu, de petites erreurs ont déjà une grande influence sur les canons rayés.

« Une bonne appréciation des distances est utile à l'artillerie lisse, comme une bonne paire de bottes à un voyageur ; mais pour l'artillerie rayée, cette appréciation est indispensable, comme l'air l'est à un homme pour respirer et vivre.

« Elle est la base scientifique sur laquelle reposent complètement les canons rayés, et cette base est entièrement détruite par les deux arguments suivants :

« 1° Une simple erreur de 50 m dans la hausse peut annuler l'effet de toute une batterie puisque, grâce à la précision de cette artillerie, tous les projectiles manqueront le but, éclateront au premier point de chute, ou s'enfonceront et, en somme, seront perdus. Il faut donc une appréciation rigoureuse des distances ;

« 2° Cette appréciation rigoureuse ne pourra jamais être obtenue sur un champ de bataille où 20, 30 distances successives doivent être rapidement appréciées, où, même si l'on en a le temps, le tir sera très difficile à corriger, car il l'est déjà dans un polygone.

« L'obscurité, le brouillard, tout ce qui gêne la vue empêche le service des canons à longue portée.

« L'efficacité de leur tir, au lieu d'augmenter à mesure que les distances décroissent, devient d'autant plus faible que l'ennemi se rapproche de leurs bouches. Cela tient à la complication de leur manœuvre, de leurs munitions, au peu d'efficacité de leur mitraille ; aussi sont-ils loin d'être indépendants et de pouvoir se défendre directement eux-mêmes. » [1]

En résumé, difficulté d'apprécier avec une exactitude suffisante les longues distances, impossibilité de juger les effets du tir, gaspillage des munitions, tels étaient les arguments invoqués par les adversaires du tir à grande portée. Les Allemands allaient nous prouver que l'ingéniosité humaine peut toujours s'adapter aux engins nouveaux et que l'accroissement de puissance de l'armement, fût-il même imparfaitement utilisé, est un facteur qu'il ne faut pas négliger.

[1] Archives de l'Artillerie 2-b-2 (c), p. 6, 9, 10.

L'artillerie de réserve

Cet esprit d'offensive à outrance dont nos batteries étaient animées explique, jusqu'à un certain point, le maintien de l'artillerie de réserve : les batteries divisionnaires, destinées à aller combattre l'ennemi de près, étaient considérées comme dépensées et l'on voulait conserver une masse de manœuvre disponible.

« **L'artillerie de réserve a pour missions principales : de renforcer les points où l'artillerie divisionnaire se trouverait insuffisante, de combler une lacune qui serait survenue dans l'ordre de la bataille, d'appuyer par des effets considérables et imprévus un mouvement offensif destiné à décider de la lutte, de produire ainsi ce que l'empereur Napoléon Ier appelait l'événement de la journée, ou enfin de couvrir un grand mouvement de retraite.** » (Observation sur le service de l'artillerie de campagne) [1].

« **L'artillerie divisionnaire agit comme arme auxiliaire et l'artillerie de réserve remplit le rôle d'arme décisive.** » (Ibidem) [1].

C'était en somme suivre d'une façon un peu aveugle les traditions napoléoniennes. On oubliait que les conditions du combat étaient changées : avec le canon à longue portée, les batteries en action n'étaient pas nécessairement des batteries dépensées et l'on pouvait les utiliser toutes dès le début, quitte à les faire roquer plus tard en vue de l'acte décisif.

Pour être juste, il faut reconnaître que les Prussiens, qui avaient pourtant médité les principes napoléoniens avec plus de soin et de profondeur que nous, n'avaient pas été plus clairvoyants, puisqu'ils avaient conservé en 1866, dans les corps d'armée, une artillerie de réserve très importante.

---

[1] P. 43.

Ce sont les leçons de la guerre de Bohême qui leur dessillèrent les yeux, de même que celles des batailles en Alsace et en Lorraine dessillèrent les nôtres. Preuve en soit l'aveu suivant du général de Blois, qui commandait l'artillerie du 15e corps, à l'armée de la Loire :

« La supériorité que les Prussiens ont obtenue sur nos armées dépend en grande partie des moyens très énergiques qu'ils emploient dès le début de la bataille. Ils nous opposent un nombre de bouches à feu plus considérable que celui que nous possédons ordinairement. De là, la déroute de notre infanterie et l'arrêt de notre réserve qui devient alors complètement inutile.

« Cette observation nous fournit un moyen facile de rendre nos armées plus redoutables : il s'agit simplement d'augmenter le nombre de nos batteries divisionnaires par l'adjonction des batteries de la réserve, qui prendront part à l'action dès le commencement. Nous parviendrons ainsi à rétablir l'équilibre entre l'artillerie ennemie et la nôtre, peut-être même à tourner les chances de notre côté, en nous procurant le plus grand nombre de bouches à feu. Il ne faut pas se dissimuler qu'un pareil expédient constitue la violation du principe d'après lequel on ne doit jamais combattre sans réserve ; mais, dans le cas exceptionnel où nous nous trouvions, le principe a dû fléchir, cette imprudence pouvant nous devenir utile : mieux vaut vaincre contre les règles, que de se faire battre en les observant. » (Général de Blois) (¹).

En somme, au point de vue expérimental, les Prussiens étaient en avance d'une campagne sur nous.

A vrai dire, nombre d'artilleurs en France n'avaient pas attendu la sanction des batailles de la guerre de 1870 pour appeler l'attention sur les dangers de la réserve d'artillerie.

_____

(¹) Général DE BLOIS, _L'Artillerie du 15e corps_, p. 53.

Le lieutenant-colonel Stoffel avait déjà signalé ce point faible de notre doctrine :

« **Les Prussiens**, écrivait-il, **n'ont pas à la guerre une artillerie plus nombreuse que la nôtre ; mais ils la répartissent autrement dans le corps d'armée, puisqu'ils ont deux fois plus de pièces divisionnaires que nous et, par contre, une réserve d'artillerie beaucoup plus faible.**

« **Cette faculté qu'ils ont ainsi de pouvoir entrer en action avec une artillerie double de la nôtre, mérite d'être prise en sérieuse considération, et j'en ai fait plusieurs fois le sujet de mes entretiens à Paris. Nous devons aviser aux moyens de pouvoir lutter dès les premières phases d'une bataille contre une artillerie qui, indépendamment de sa portée et de sa justesse plus grandes, sera en outre deux fois plus nombreuse. A quoi nous servira une plus forte réserve, si, dès l'origine ou dans les premières périodes du combat, notre artillerie de division ne peut pas soutenir la lutte ?** » [1]

Cet avis était partagé chez nous par plus d'un officier, qui, sans condamner toutefois le principe de la réserve d'artillerie [2], prévoyait le danger de lui consacrer trop de batteries.

« **Quant à la question de savoir si l'on a tort de réunir à l'avance l'artillerie en grosses masses, elle est bien discutable, car c'est l'expérience acquise sur les champs de bataille de l'Empire qui seule a fait accepter cette répartition de l'artillerie : d'un côté, en artillerie divisionnaire intimement liée à l'infanterie, servant essentiellement d'arme de secours ; et de l'autre côté, en artillerie de réserve, constamment dans la main du général en chef, toujours prête, soit à soutenir un point menacé,**

---

[1] Lieutenant-colonel Stoffel. Rapport du 24 juin 1868. *Loc. cit.*, p. 54.
[2] En réalité, c'est plutôt la nécessité d'une *artillerie de corps* que ces officiers pressentaient.

soit à préparer un mouvement offensif et remplissant le
rôle d'arme décisive.

« L'emploi des grandes masses d'artillerie exige forcément que ces masses soient en partie réunies à l'avance.
Leur action est très souvent l'affaire du moment; elle
doit être rapide, presque instantanée. Le temps que l'on
perdrait à ramasser au loin des batteries disséminées
sur tous les points du champ de bataille, est un temps
précieux. Quand les batteries arriveraient enfin sur le
terrain, l'effet que l'on aurait voulu produire n'aurait
très souvent plus de raison d'être, ou serait devenu complètement impossible. On aurait inutilement fatigué les
hommes et les chevaux, et déplacé sans raison des batteries dont la présence ailleurs aurait été souvent très
utile, quelquefois même indispensable.

« La concentration des réserves d'artillerie est une
nécessité. C'est au général en chef à prendre ses précautions pour que leur marche ne soit pas entravée, et
qu'elles puissent arriver à temps sur les champs de
bataille.

« En 1866, les Prussiens ont complètement négligé leur
artillerie de réserve. Elle se traînait péniblement à la
suite de l'armée et fut complètement inutile. Cela prouve
tout bonnement qu'ils n'ont pas voulu ou qu'ils n'ont pas
su s'en servir, et il faudrait se garder de rien changer en
se basant uniquement sur leur exemple. On pourrait du
reste leur opposer l'artillerie autrichienne qui, dans cette
même campagne, a toujours figuré tout entière dans tous
les combats et qui partout a fait son devoir noblement.
Ou bien, si l'on ne veut pas entendre parler des vaincus,
on peut citer l'emploi de l'artillerie française en Italie,
qui semble avoir consacré la formation de l'artillerie de
réserve.

« Néanmoins, des réserves d'artillerie trop nombreuses de-
viendraient forcément encombrantes, et il faudrait se garder
en France de porter exclusivement sur les réserves l'aug-

mentation d'artillerie nécessaire pour en arriver à la proportion généralement admise de trois bouches à feu par mille hommes d'infanterie et de cavalerie. » (Rapport Zurlinden) [1].

« **En dehors des batailles désespérées comme Leipsick, les réserves des batteries sont bien rarement engagées, parce que, laissées en arrière au commencement de l'action, elles ne peuvent rejoindre avant la bataille finie, même dans les plus longues et les plus grandes actions de guerre. Témoin les réserves de la Garde et du 1er corps à Solférino, toutes celles de la 1re armée prussienne à Sadowa, ainsi qu'il est formellement dit dans la relation prussienne ; et presque sûrement aussi celles des deux autres armées, quoique cette relation ne le dise pas expressément.** . . . . . .

« **Les Prussiens, loin de rejeter comme nous à la réserve du corps d'armée les réserves d'artillerie, les placent en tête ou au milieu du gros, parce que, dit le Prince de Hohenlohe : « Cette artillerie (de réserve) devant préparer l'engagement du gros, on ne doit pas la rejeter trop en arrière. »** (Conférence de l'École d'artillerie de Metz) [2].

Quant à l'objection relative à l'inconvénient de constituer dès le début de l'action de trop grandes lignes de batterie, voici comment le mémoire précité la réfute :

« Revenant à l'opuscule intitulé : *Observations sur le service de l'artillerie de campagne,* **nous tenons à déclarer que nous concevons des doutes sur l'exactitude de l'opinion émise page 65 que : « la nouvelle mousqueterie rendra plus rare l'emploi de grandes batteries »** [3].

---

[1] P. 33.
[2] P. 16 et 52.
[3] Cet article des *Observations* est intéressant à citer, car il soulève une question qui n'a pas cessé d'être d'actualité : l'impossibilité du déploiement des grandes batteries sur le champ de bataille :
« Les grandes batteries réunies sous un même chef, qui ont joué un

« L'une des raisons que le prince de Hohenlohe donne pour justifier l'emplacement des 10 batteries qu'il attache au gros des troupes est justement que l'on aura ainsi 60 pièces susceptibles d'agir ensemble, ce qui constitue une assez belle batterie.

« D'autre part, en parcourant rapidement la relation prussienne de la bataille de Sadowa, nous y avons vu engagée de très bonne heure une première batterie de 60 pièces ; puis d'autres successivement de 96, 90, 100, 64, 72, 66 et encore une fois 100, presque toutes autrichiennes et par conséquent en butte à la nouvelle mousqueterie. Cette expérience confirme peu l'assertion dont nous nous permettons de douter ; et nous devons faire observer que c'est principalement à ces puissantes batteries que M. de Moltke attribue ses pertes ainsi que les échecs partiels que subirent les Prussiens sur divers points, enfin le salut de l'armée autrichienne en déroute. » (Conférence de l'École d'artillerie de Metz) (¹).

Malheureusement, ces avertissements ne furent pas écoutés. Les commandants de corps d'armée et d'armée voulaient avoir leur réserve d'artillerie spéciale — comme au temps de Napoléon Iᵉʳ. Mais pour s'en servir, il y avait la *manière* et, celle-là, ils ne la possédaient pas.

En effet, s'ils avaient utilisé cette réserve comme on savait le faire sous le Premier Empire, il n'y aurait eu que demi-mal. Alors elle constituait l'arme du commandement, celle qu'il destinait à appuyer son intervention personnelle, à provoquer l'« événement », comme le rappelaient les *Observations*.

---

rôle si éclatant dans les dernières guerres de l'empereur Napoléon Iᵉʳ, pourront trouver encore quelques applications dans les guerres à venir ; il est probable cependant que la nouvelle mousqueterie en rendra l'emploi plus rare; car le déploiement contigu d'un grand nombre de batteries exigerait, des autres armes, un effort prolongé, d'un résultat parfois douteux, pour dégager le terrain considérable nécessaire au développement de ces batteries. »

(¹) P. 54.

Tout autre a été l'emploi qu'en ont fait nos généraux de l'Armée du Rhin : ils l'utilisaient — quand ils l'utilisaient — uniquement comme un réservoir d'unités qu'ils laissaient échapper, pour ainsi dire goutte à goutte, en vue d'alimenter le champ de bataille au hasard des incidents.

Nombre de batteries dans les réserves d'artillerie sont restées inactives sur le champ de bataille. Pourquoi? Parce que, se sachant à la disposition personnelle du commandement ([1]), leurs officiers attendaient les ordres qui souvent ne venaient pas, même quand ils en réclamaient, comme ce fut le cas, par exemple, à l'armée de Bazaine : celui-ci imposa ainsi l'inaction, dans la journée du 18 août, à 24 batteries sur les glacis du Saint-Quentin (10 batteries de la réserve générale, 12 batteries de la Garde, 2 batteries de la 3e division de cavalerie) ([2]).

Un seul corps à l'Armée du Rhin sut utiliser toute sa réserve d'artillerie : le 4e, et celui-là tint tête partout, le 14, le 16 et le 18 août ([3]). Dans cette dernière journée, il fut même renforcé par six batteries que lui envoya le commandant du 3e corps ([4]) et l'Historique allemand constate que, dès le début de l'action, « la situation de l'artillerie de corps du IXe corps allemand devint immédiatement précaire, en raison de l'extrême prompti-

---

([1]) « L'action des batteries de réserve doit être courte et décisive. Les batteries s'engageront de près dès que le commandant de corps d'armée l'ordonnera. » (Instruction du major-général du 1er août 1870.) (Voir *Revue d'Histoire*, mars 1901, p. 594.)

([2]) Commandant ROUQUEROL, *loc. cit.*, p. 59. Général ERB, *loc. cit.*, p. 478. Les officiers de ces batteries frémissaient d'impatience de ne pouvoir marcher au feu. Plusieurs, le capitaine Brugère en particulier, cherchèrent à provoquer les ordres pour se porter vers Amanvillers où l'on entendait une violente canonnade; ils s'adressèrent même directement au maréchal Bazaine. Mais celui-ci leur prescrivit formellement de rester sur leur « bonne position ». (Renseignements donnés par le général Brugère.)

([3]) Commandant ROUQUEROL, *loc. cit.*, p. 123. Général ERB, *loc. cit.*, p. 480.

([4]) Commandant ROUQUEROL, p. 120.

tude avec laquelle les masses françaises s'étaient engagées » (¹).

Mais, hélas ! ce n'étaient là que de rares exceptions ;
elles prouvent toutefois que le rôle de notre artillerie
aurait pu être beaucoup plus efficace, si le commandement avait mieux su en tirer parti.

(¹) *Historique du grand État-Major allemand,* p. 676.

L'IGNORANCE DU HAUT COMMANDEMENT

Car — et c'est là qu'on est toujours obligé d'en venir en dernière analyse — la cause profonde de tous nos mécomptes, ç'a été l'insuffisance du haut commandement. Sur ce point tout le monde est d'accord ([1]).

Mais c'est surtout en matière d'artillerie que l'ignorance de nos grands chefs était flagrante. C'est à croire que la plupart d'entre eux n'avaient jamais ouvert les règlements de l'arme. Si rudimentaires que fussent alors les principes de la tactique d'artillerie, ils leur étaient totalement inconnus.

Nous avons vu leur obstination à engager les batteries de leur réserve une à une au lieu de les engager par masse, comme le recommandaient les *Observations sur le Service de l'artillerie de campagne*, petite brochure d'une soixantaine de pages, d'une lecture pourtant bien facile.

A Frœschwiller, il faut l'initiative du général Forgeot pour décider le maréchal de Mac-Mahon à faire entrer en ligne sa réserve d'artillerie afin de protéger la retraite ([2]).

A Saint-Privat, les rapports du maréchal Bazaine avec son artillerie consistent à s'amuser à pointer lui-même les pièces et à s'initier au maniement du télé-

---

([1]) Après les journées du 6 août « le haut commandement s'est pris d'une folle terreur que rien n'a pu maîtriser; il est comme affolé, et va à l'aventure... Comme c'est fâcheux pour le pays d'avoir à la tête de l'armée des chefs aussi peu expérimentés et aussi peu capables de faire mouvoir avec intelligence de grosses masses !... La confusion et l'incohérence règnent dans les hautes sphères... » (Lettre du général Montaudon, en date du 11 août, insérée dans ses *Souvenirs militaires*, p. 217). Le général Montaudon commandait la 1re division du 3e corps.

([2]) A Forbach, le commandant Rébillot, survenant au fort de la bataille avec un groupe d'artillerie, demande au premier divisionnaire qu'il rencontre où il doit s'employer pour être utile. En guise de directive, il reçoit la réponse suivante : « Je m'en f... » (Récit verbal du général baron Rébillot).

mètre (¹). Au maréchal Canrobert, qui lui réclame désespérément des munitions, il fait répondre : « Vous direz au maréchal Canrobert d'envoyer remplir ses caissons au parc d'artillerie qui se trouve ici. » (²) Ici, c'est à Plappeville, à plus de 10 kilomètres des batteries!

A Sedan, le général de Wimpffen voulant soutenir ses troupes au bois de la Garenne, devant la grande ligne d'artillerie allemande, appelle... trois batteries et s'étonne qu'elles n'aient pas pu lutter (³).

Et nous ne parlons pas de tous les cas d'intervention malencontreuse des généraux en chef dans les combats d'artillerie, des ordres et contre-ordres qu'ils donnaient aux batteries, des emplacements défectueux qu'ils leur imposaient (⁴).

Mais, par-dessus tout, ce qui avère l'inconscience absolue du haut commandement, c'est son parti pris de défensive passive. Cette attitude, désavantageuse pour les autres armes, était mortelle pour l'artillerie. La tactique obligatoire imposée à celle-ci par la moindre portée de son canon était, nous l'avons vu, une offensive hardie pour se rapprocher de son adversaire à distance efficace, comme le sabreur se rapproche du lancier. Elle savait que c'était là pour elle une question de vie ou de mort.

Aussi peut-on excuser le désarroi en lequel elle tomba en voyant que ces bataillons, au milieu desquels elle comptait s'élancer vers l'ennemi, restaient là blottis en

---

(¹) *Revue d'Histoire*, 1904, t. 16, p. 113. Renseignements donnés également par le général Brugère, qui, étant alors capitaine en second, dut expliquer lui-même au maréchal Bazaine, sur le glacis du Saint-Quentin, le maniement du télémètre, alors qu'il sollicitait vainement l'ordre de marcher au feu.

(²) *Ibid.*, 1904, t. 16, p. 102.

(³) Lettre du général de Wimpffen, citée par DE SUZANNE, *Les Causes de nos désastres*, p. 75.

(⁴) Exemples : à Rezonville, le général Bourbaki maintient une grande partie de son artillerie en deuxième ligne et le général Frossard envoie des batteries sur un emplacement arrosé par l'artillerie ennemie, malgré les protestations de leur chef (*Revue d'Histoire*, t. 13, p. 154 et 157).

*

arrière d'elle, rivés par ordre à leur position, et que le seul rôle qui lui restait était de se laisser mitrailler impunément. C'était le renversement de toutes ses idées.

Si primesautiers que fussent alors nos officiers d'artillerie, ils n'avaient pas été sans se rendre compte des nécessités imposées par la différence de portée des armes dans les deux camps : infériorité pour notre canon; supériorité pour notre fusil.

La tactique appropriée était évidente. Nombre d'artilleurs l'avaient préconisée.

« **Dès nos premières batailles**, écrit le chef d'escadron Cazal ([1]), et surtout à Gravelotte, j'eus l'occasion de remarquer que nous commettions une faute immense en abandonnant nos avantages pour nous livrer à l'ennemi dans les conditions les plus défavorables.

« Les Prussiens, malgré tous les mensonges qu'ils avaient débités sur la valeur respective des fusils, savaient fort bien que le nôtre valait cent pour cent de plus que le leur, et que leur artillerie était au contraire supérieure à celle de l'armée française.

« Aussi, négligeant leur infanterie, ils nous ont offert la bataille sous la forme d'un immense combat d'artillerie.

« A Gravelotte, au 4ᵉ corps, de 10 heures du matin à 10 heures du soir, nous ne fîmes que nous canonner.

« Les pièces étant à longue portée, les troupes les plus rapprochées les unes des autres étaient distantes d'au moins 2 km.

« Par suite, annulation complète de notre fusil supérieur au fusil prussien ; la voix restait au canon, c'est-à-dire à l'arme qui nous donnait l'infériorité.

« Que faisait pendant ce temps l'infanterie ? Couchée sur plusieurs lignes en arrière de nos batteries, elle recevait, sans pouvoir se rendre utile, les éclats de tous les obus qui nous frappaient ou nous dépassaient.

([1]) Cité par DE SUZANNE. *Les Causes de nos désastres,* p. 76 et suiv.

« Elle passait sa journée à voir ses rangs se décimer sans pouvoir rendre coup pour coup, et forcément se démoralisait sans combattre. Quand, vers le soir, arrivait pour elle le moment de l'action, elle se levait, souvent plus disposée à fuir qu'à se porter en avant.

« Ce n'est pas un reproche que j'adresse à notre infanterie ; à sa place et dans de telles conditions, qui n'en aurait pas fait autant ?

« Et combien, cependant, la partie eût été belle pour nous, si l'on eût voulu comprendre toute l'utilité qu'on pouvait tirer du chassepot ! Je ne vais pas exposer ici une utopie ; c'est l'évidence même, c'est la vérité frappant forcément les yeux des moins clairvoyants.

« Les Prussiens nous offrent un combat d'artillerie. Batteries contre batteries luttent à 2.000 m de distance. Ces batteries possèdent chacune pour les protéger une troupe d'infanterie appelée troupe de soutien.

« La troupe de soutien de l'artillerie prussienne est armée d'un fusil dont le tir efficace ne dépasse certainement pas 800 m. Notre chassepot tire très bien jusqu'à 1.200 m, encore mieux jusqu'à 1.100 m des batteries prussiennes. Isolés les uns des autres, nos tirailleurs n'auront rien à craindre de cette artillerie qui perdrait son temps contre eux. Ils ne devront pas craindre davantage la troupe de soutien dont le fusil ne tire qu'à 800 m. Ils pourront donc facilement démonter les artilleurs prussiens et en très peu de temps faire cesser le feu des batteries contre lesquelles notre artillerie s'escrimerait inutilement des heures entières.

« Mais, me direz-vous, croyez-vous que les Prussiens laisseront vos tirailleurs s'établir ainsi et n'enverront pas les leurs à une portée suffisante pour démonter à leur tour notre infanterie ?

« Je l'espère bien, c'est précisément ce que je désire. Une telle manière d'opérer forcera notre infanterie à dépasser les lignes d'artillerie ; c'est alors le fusil qui parlera, c'est notre chassepot qui fonctionnera, les hommes se verront de près, et la furie française, qui n'est pas un mythe, fera voir de nouveau tout ce dont elle est capable.

« Je me résume. — Le combat commence. — L'artillerie donne le signal, c'est forcé ! Chacune de nos batteries conserve sa troupe de soutien. — C'est indispensable.

« Mais d'autres troupes, peu nombreuses, par petits pelotons, conduites avec intelligence, se portent immédiatement en avant de nos batteries dont elles n'ont pas à craindre le feu. Profitant du moindre pli de terrain, des haies, des arbustes, pour s'approcher de l'artillerie prussienne, elles se disséminent en tirailleurs. Ceux-ci, rampant jusqu'à 1.000 m environ des batteries ennemies, dirigent alors contre elles un feu calme et bien réglé, consentant cette fois à se servir de la hausse (¹). Si les Prussiens ne font pas avancer leur infanterie, en moins d'une demi-heure, leurs batteries, privées de la plus grande partie de leurs hommes et de leurs chevaux, se verront forcées de se retirer.

« Si l'infanterie prussienne avance, elle se verra de toutes parts exposée à un feu plus terrible que celui qu'elle peut nous opposer ; les hommes s'aborderont, et alors ce sera le caractère prussien luttant contre le caractère français ; demandez à nos ennemis ce qu'ils en pensent. (²)

« Quant aux troupes couchées, il faut en avoir le moins possible. Ayons-en comme troupes de soutien à droite, à

(¹) Quand par hasard cette tactique fut appliquée, elle fit merveille. Exemples : la démolition des batteries du cimetière de Vionville (Général BONNAL, La Manœuvre de Saint-Privat, 3ᵉ vol., p. 464); celle des batteries du IXᵉ corps allemand au bois de la Cusse, des batteries de la Garde prussienne à Saint-Ail (ROUQUEROL, loc. cit., p. 243).

(²) « Une chose bien caractéristique et bien digne de fixer l'attention des chefs, c'est que dans les derniers combats partiels on a pu constater la supériorité du fantassin français sur le fantassin allemand; jamais ce dernier n'attend la charge que l'on pousse à fond sur lui, jamais il ne charge à la baïonnette sur nous. Il laisse à l'artillerie le rôle de protecteur et d'agent de destruction. » (Général MONTAUDON, Souvenirs, p. 172).

gauche de nos batteries, voire même en avant, mais jamais en arrière.

« Les éclats d'obus reviennent peu en arrière ; presque tous, continuant leur direction première, vont tomber à 200 ou 300 m plus loin que le point de chute de l'obus. De plus, lorsque le tir des Prussiens est réglé, presque tous les coups atteignent nos batteries ou les dépassent ; d'où il résulte que, dans un cas comme dans l'autre, les plus grands dangers sont pour les hommes placés derrière les batteries.

. . . .

« Ce que je viens d'exposer, je l'ai exposé moi-même au général Ladmirault qui fit communiquer une note dans ce sens aux chefs de corps.

« Mais ce ne sont pas les chefs de corps seulement qui devraient être imbus de ces principes, ce sont les hommes eux-mêmes qui, lorsqu'ils les auraient bien saisis, comprendraient de quelle grande utilité ils peuvent être contre les batteries prussiennes ; ils comprendront que, la plupart du temps, ils évitent bien plus le danger en avançant qu'en restant à distance, ou même en reculant.

« Quand un obus vient éclater au milieu d'eux, ils reculent ; au coup suivant, ils reçoivent des éclats bien plus meurtriers ; s'ils avançaient, les obus passeraient au-dessus de leurs têtes... »

Le général Soleille, qui n'était pourtant pas une des lumières de l'arme, fit paraître le 7 septembre une instruction dans ce sens, et le général Ladmirault imposa à ses troupes cette tactique si rationnelle par un ordre du 9 septembre ([1]). Hélas ! les bonnes idées

_____

([1]) « La tactique des Prussiens semble avoir consisté jusqu'ici à entretenir, pendant la plus grande partie du jour, un combat traînant d'artillerie à grande distance et à tenir pendant tout le temps de cette lutte leur infanterie hors de la portée de nos feux d'artillerie et de mousqueterie. Ce n'est que lorsque nos munitions et les forces de nos soldats commencent à s'épuiser, que les réserves prussiennes, ayant eu le temps d'arriver sur le lieu du combat, font leur apparition en masse et inondent en quelque

germèrent trop tard. Un peu de réflexion préalable eût suffi.

Mais que penser du choix librement consenti de positions d'où il était matériellement impossible à notre artillerie de déboucher pour se porter en avant et où *a priori* son rôle était annihilé : telles les hauteurs de Forbach, telle la « belle position » de Wœrth, telle celle de Gravelotte? (nous ne parlons pas de celle de Sedan qui nous fut imposée par la manœuvre allemande).

Acceptables à la rigueur pour l'infanterie, elles étaient détestables pour notre artillerie et par conséquent dé-

---

sorte le champ de bataille sous la protection d'un feu redoublé. Il semble naturel de ne pas jouer le jeu de l'adversaire et de réserver nos munitions pour combattre l'infanterie prussienne au moment de la crise décisive de la journée...

« Quelle que soit, d'ailleurs, la composition de notre artillerie, on peut affirmer que le plus redoutable ennemi des batteries prussiennes serait l'infanterie elle-même, si elle adoptait une manière de combattre qui est tout indiquée par la supériorité du fusil français sur le fusil prussien.

« Le fusil français est meurtrier jusqu'à 1.800 m. Si donc les tirailleurs de l'infanterie avançaient jusqu'à 1.000 m environ des batteries ennemies, ils n'auraient pas à redouter sérieusement les feux du fusil prussien qui, à cette distance, n'a ni justesse, ni efficacité. La mousqueterie française, dans ces conditions, ne manquerait pas de désorganiser promptement le personnel et les attelages des batteries prussiennes. » *Instruction* du général SOLEILLE, commandant en chef l'artillerie de l'armée. (Voir général ERB, *loc. cit.*, p. 493.)

« Les attaques de l'ennemi ont toujours été faites dans les mêmes dispositions et dans le même ordre. Ainsi l'action commence de son côté par un puissant feu d'artillerie, allant toujours en croissant, dirigé contre nos batteries et contre celles de nos troupes d'infanterie qui peuvent, par leur masse, offrir un but aux projectiles. Les batteries ennemies profitent des moindres obstacles pour masquer leurs pièces; elles cherchent à éteindre le feu des nôtres ou à faire épuiser leurs munitions.

« Les troupes de l'infanterie ennemie sont tenues le plus souvent dans les bois où elles se dissimulent. Elles n'agissent ordinairement qu'à la fin de la journée en se faufilant à travers ces mêmes bois, les haies et les plis de terrain. Jamais elles n'ont tenté une attaque à la baïonnette et elles redoutent le feu de nos fusils qui ont plus de portée et de justesse que ceux qu'elles possèdent. Elles ne se découvrent qu'à la fin de la journée, lorsqu'elles supposent nos troupes fatiguées et notre infanterie ainsi que notre artillerie dépourvues de munitions. C'est alors que des mouvements préparés d'avance pour tourner nos ailes, d'un côté ou de l'autre, se prononcent avec vigueur, soutenus par une artillerie nombreuse.

« Cette manière de combattre ayant été constatée chaque fois, il contestables pour l'armée. Tant il est vrai que c'est une lourde faute de monter une manœuvre uniquement en vue des troupes à pied, en laissant à l'artillerie le soin de se débrouiller, au petit bonheur, pour appuyer celles-ci.

Une bataille ne doit pas être un solo d'infanterie avec accompagnement plus ou moins soutenu des autres armes : c'est une symphonie complète où tous les instruments doivent être employés en pleine valeur.

---

vient de profiter des observations faites pour modifier notre ordre d'attaque.

« A l'avenir, au lieu de se laisser engager dans un combat d'artillerie de plusieurs heures, il faudra prescrire à nos batteries de ne faire, au début de l'action, qu'un usage modéré de leurs feux, de se couvrir autant que possible et de se tenir en dehors de la portée moyenne des projectiles ennemis. Mais on s'empressera, dès le commencement de l'action, de jeter en avant les compagnies d'éclaireurs de chaque régiment par groupes très minces et espacés entre eux. Les éclaireurs gagneront les haies et les bois qui pourront s'offrir devant eux et ramperont à travers les plis de terrain pour se rapprocher le plus possible des batteries ennemies. Arrivés à 700 ou 800 m, ils dirigeront leurs feux sur les servants des pièces, ne précipitant pas leur tir, et chercheront à corriger la portée de leurs coups. A cette distance, le feu des bons tireurs peut être très efficace et arrêter l'effet d'une batterie par la destruction des servants. Le feu de la batterie, au contraire, est à peu près nul sur des hommes isolés; il est d'autant moins redoutable qu'on se rapproche plus des pièces.

« Ces éclaireurs seront appuyés à distance par des bataillons en colonne, ayant, dans chaque peloton, leurs hommes sur un rang et leurs pelotons assez espacés entre eux pour ne pas offrir une masse compacte susceptible d'attirer le feu de l'artillerie ennemie, mais assez rapprochés pour pouvoir se réunir rapidement et produire, au besoin, un grand effort.

« Si des bois se présentent devant ces bataillons, ceux-ci s'y jetteront et s'y établiront, non pas à la lisière, mais dans toute la profondeur et chercheront à en déloger l'ennemi à la baïonnette.

« Lorsque l'infanterie aura pu produire un peu de désordre parmi les troupes et parmi l'artillerie ennemie, notre artillerie devra se rapprocher et donner à son feu toute sa puissance et toute son intensité. » (*Instruction pour les combats*, septembre, du général DE LADMIRAULT. Extrait du registre d'ordres de la 6e batterie du 1er régiment d'artillerie. Voir général ERB, *loc. cit.*, p. 494.)

CONCLUSION

« Il y a des causes générales, a dit Montesquieu, soit morales, soit physiques, qui agissent dans chaque monarchie, l'élèvent, la maintiennent ou la précipitent. Tous les accidents sont soumis à ces causes et si le hasard d'une bataille, c'est-à-dire une cause particulière, a ruiné un État, il y avait une cause générale qui faisait que cet État devait périr par une seule bataille. »

Si jamais la justesse de cette pensée s'est trouvée vérifiée, c'est bien en 1870.

Mais les nations n'avouent pas volontiers leurs fautes et elles préfèrent s'en prendre à des victimes expiatoires pour préciser leur colère et consoler leur amour-propre. Tel a été le cas chez nous.

Depuis, les historiens sont venus, qui ont peu à peu remis les choses au point et départagé les responsabilités. Mais dans ce procès en revision, il semble que notre artillerie ait été omise et tout le poids primitif des rancunes de la défaite pèse encore sur elle.

Détenteurs par profession de secrets d'armements, les artilleurs sont voués à des habitudes de mutisme qu'on a tort souvent d'interpréter comme un acquiescement. Mais s'ils n'ont pas présenté d'apologies, comme tant d'autres acteurs de la guerre franco-allemande, leurs archives sont là — encore peu consultées — qui nous renseignent sur les circonstances atténuantes qu'il est légitime de leur accorder et qu'on leur a jusqu'à présent presque toujours refusées.

Gênée dans son essor par le manque de crédits, abandonnée par le président de son Comité qui l'a sacrifiée sans vergogne à son ambition, mal employée par des chefs qui ignoraient les nécessités primordiales de sa tactique, notre artillerie, en 1870, n'a pu donner la mesure de ce qu'elle valait, et on l'a jugée avec une sévérité non seulement injuste, mais dangereuse : en inspirant en effet à notre génération un mépris trop absolu pour les facultés de nos aînés, on risque de nous donner un sentiment exagéré de notre valeur par rapport à la leur et de nous porter à nous croire incapables de tomber en des erreurs du même ordre.

Et pourtant, qu'on vienne à lui refuser les crédits nécessaires au perfectionnement de ses armements ou à l'instruction de son personnel, qu'il s'y trouve encore des grands chefs plus soucieux d'assurer la satisfaction de leur ambition que celle des besoins de leur arme, qu'elle soit mal utilisée sur le champ de bataille par des généraux n'ayant pas suffisamment médité son mode d'emploi, et voilà de quoi exposer notre artillerie à de nouveaux mécomptes.

C'est en évitant le retour des causes qu'on évitera le retour des événements qui en ont été les conséquences. Certes, nous ne voulons pas dire que, moins jugulée, notre artillerie eût été de taille, en 1870, à soutenir victorieusement la lutte. Trop nombreuses étaient ses causes d'infériorité. Mais elle n'eût vraisemblablement pas été entraînée à la faillite qu'on lui a si âprement reprochée.

En tout cas, attribuer ses revers à une sorte d'affaissement intellectuel et moral de l'ensemble de ses cadres, c'est l'accabler d'un *væ victis* trop lourd — un peu à la manière de nos ancêtres, en jetant des faux poids dans la balance.

TABLE DES MATIÈRES

NANCY-PARIS, IMPRIMERIE BERGER-LEVRAULT

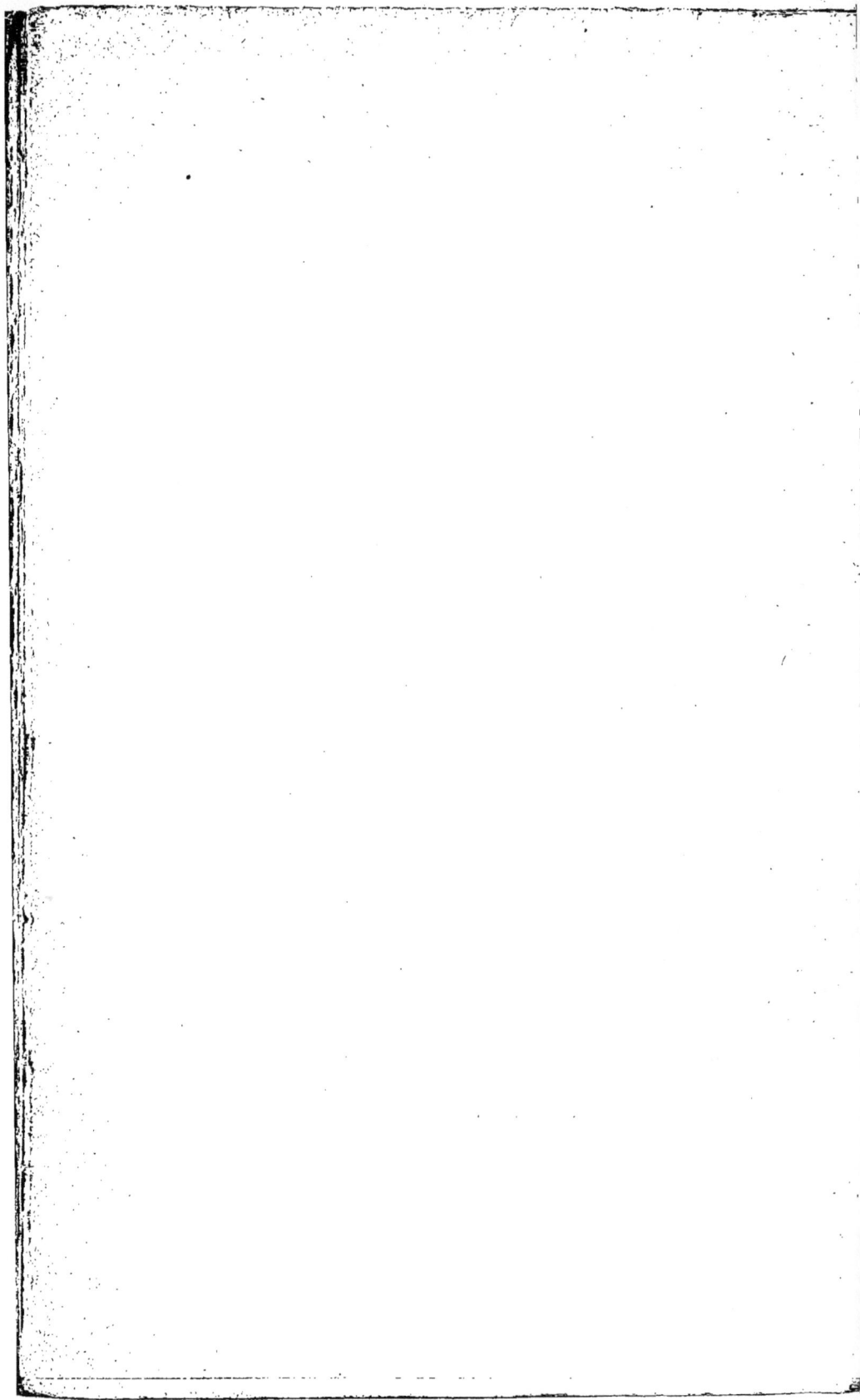

Ouvrages du Général PALAT (Pierre LEHAUTCOURT)

LES ORIGINES DE LA GUERRE DE 1870
La Candidature Hohenzollern
1868-1870

1912. Un volume in-8 de 679 pages, broché . . . . **7 fr. 50**

HISTOIRE DE LA GUERRE DE 1870-1871

PREMIÈRE PARTIE. — LA GUERRE DE 1870

Sept volumes in-8, avec 29 cartes, brochés . . . . . . **47 fr. 50**

Tome I. — **Les Origines.** — *Sadowa.* — *L'Affaire du Luxembourg.* — *La candidature Hohenzollern.* — *La dépêche d'Ems.* — 1901. Un volume de 422 pages . . . **8 fr.**

Tome II. — **Les deux Adversaires.** — **Premières Opérations** (1 juillet-2 août 1870). — *La France : la nation et l'armée.* — *La concentration française.* — *L'Allemagne.* — *Premières opérations.* — 1902. Un volume de 488 pages, avec 2 cartes . . . **6 fr.**

Tome III. — **Wissembourg, Frœschwiller, Spicheren.** — 1903. Un volume de 595 pages, avec 4 cartes. . . . . **6 fr.**

Tome IV. — **La Retraite sur la Moselle, Borny.** — 1904. Un volume de 384 pages, avec 5 cartes. . . . . **6 fr.**

Tome V. — **Rezonville et Saint-Privat.** — 1905. Un volume de 700 pages, avec 5 cartes . . . . **7 fr. 50**

Tome VI. — **Sedan** (7 août-2 septembre 1870). — 1907. Un volume de 800 pages, avec 9 cartes. . . . . **10 fr.**

Tome VII. — **Capitulation de Metz** (19 août-29 octobre 1870). — 1908. Un volume de 584 pages, avec 4 cartes . . . . **6 fr.**

SECONDE PARTIE. — LA DÉFENSE NATIONALE
COURONNÉ DEUX FOIS PAR L'ACADÉMIE FRANÇAISE (2e GRAND PRIX GOBERT EN 1899 ET EN 1900)

Huit volumes in-8, avec 56 cartes, brochés . . . . . . **49 fr.**

Campagne de la Loire. — TOME I. *Coulmiers et Orléans.* 1893. Un volume de 478 pages, avec 6 cartes . . . . **7 fr. 50**

— TOME II. *Josnes, Vendôme, Le Mans.* 1895. Un vol. de 448 pages, avec 13 cartes. **7 fr. 50**

Campagne de l'Est. — TOME I. *Nuits, Villersexel.* 1896. Un volume de 301 pages, avec 7 cartes . . . . **5 fr.**

— TOME II. *Héricourt, La Cluse.* 1896. Un volume de 300 pages, avec 4 cartes. . . . **5 fr.**

Campagne du Nord. — *La Défense nationale dans le Nord de la France.* Nouvelle édition, entièrement revue et corrigée. 1897. Un volume de 359 pages, avec 9 cartes. **6 fr.**

Siège de Paris. — TOME I. *Châtillon, Chevilly, La Malmaison.* 1898. Un volume de 415 pages, avec 4 cartes . . . . **6 fr.**

— TOME II. *Le Bourget, Champigny.* 1898. Un volume de 447 pages, avec 4 cartes . . **6 fr.**

— TOME III. *Buzenval, La Capitulation.* 1898. Un volume de 460 pages, avec 5 cartes. **6 fr.**

L'ouvrage complet en 15 volumes (au lieu de 96 fr. 50) . . . **75 fr.**

GUERRE DE 1870-1871

APERÇUS ET COMMENTAIRES. — TOME I. *La Destruction des Armées impériales.* — TOME II. *Les Armées de la Défense nationale.* 1910. Ouvrage complet en deux volumes in-8 (738 pages), avec 5 cartes hors texte. — Prix, brochés . . . **10 fr.**

LIBRAIRIE MILITAIRE BERGER

PARIS, 5 et 7, RUE DES BEAUX-ARTS — RUE DU C...

Les Transformations de l'Armée française. ... *l'état militaire de la France*, par le général Ch. THOUMAS ... in-8 de 1279 pages, broché...

Journal d'un Officier de l'Armée du Rhin, par le ... et augmentée. 1890. Un volume in-8 de 410 pages avec ...

L'Artillerie dans la Bataille du 18 août. *Essai critique... tillerie de campagne à tir rapide*, par Gabriel ROUQUEROL ... directeur de l'école d'artillerie du 6e corps d'armée. ... avec 7 croquis panoramiques, et 7 plans avec 13 ...

Les Opérations de l'Artillerie allemande dans les ... environs de Metz, par HOFFBAUER, commandant le ... prussien n° 20. Traduit de l'allemand par le capitaine ROUSSET ... lerie belge. 1884. ...

— **Bataille de Noisseville.** Un volume in-8 avec planche...

— **La Bataille de Vionville**, au point de vue des troupes ... particulier. 2e édition. 1885. Un volume in-8, avec 2 cartes ...

Historique des études faites à Calais sur les canons ... 1883. Un volume in-8 de 356 pages, avec 14 planches, broché...

L'Artillerie de Campagne (1792-1901). *Étude de la ... lisse. Artillerie rayée. Artilleries française et allemande*, ... lieutenant au 11e régiment d'artillerie. 1901. Un volume ... trait de Gribeauval, 24 figures et 1 cartes, broché...

L'Artillerie aux Manœuvres de Picardie en 1910, ... membre du Conseil supérieur de la guerre. 1911. Un volume ... 21 croquis hors texte en couleurs, broché...

La Manœuvre de Lorlanges, exécutée par le 13e corps ... général PERCIN. 1909. In-8, avec 5 croquis, une planche ...

L'Artillerie au Maroc. *Campagne du Chaouia*, par le capitaine ... Un volume grand in-8, avec 11 illustrations, 2 planches et une ...

Les Exercices de service en campagne dans le ... G. AUBRAT, lieutenant-colonel d'artillerie. 3e édition. 1910. ... avec 97 figures et 1 planche hors texte, broché...

Pratique du Tir du canon de 75mm de campagne ... (Nouveau tirage. 1910.) Un volume in-8 étroit, avec 76 ... gaufrée or, tranches rouges ...

Manuel de Tir de l'Artillerie de campagne allemande ... l'allemand par P. MARIE, capitaine d'artillerie. 1912. In-8, 84 pages ...

Le Tir de l'Artillerie de campagne allemande, d'après le manuel de ... mars 1911, par J. CHALLÉAT, chef d'escadron au 12e régiment d'artillerie. ... in-12, avec 3 figures ...

Technique du Commandement de l'Artillerie (*Artillerie ... lerie lourde*), par le général HOHNN, commandant la 1re brigade ... bavaroise. Traduit sur la 2e édition allemande, par M. MEDER, ... territoriale. 1910. Volume in-8, broché...

Cours d'Artillerie, *à l'usage des élèves officiers de réserve*, par le ... BIRAUD. 1912. Un volume in-8 étroit, avec 76 figures, broché...

NANCY-PARIS, IMPRIMERIE BERGER-LEVRAULT